O Manual do Alquimista Moderno

APRENDA A CRIAR A SUA REALIDADE
USANDO O PODER DA MENTE

O Manual do Alquimista Moderno

APRENDA A CRIAR A SUA REALIDADE
USANDO O PODER DA MENTE

May Andrade

Luz da Serra
EDITORA

Nova Petrópolis - 2023

Produção Editorial:
Tatiana Müller

Capa:
Gisely Fernandes

Projeto gráfico e diagramação:
Casa Tipográfica

Revisão:
Marcos Seefeld
Aline Naomi Sassaki

Ilustrações do miolo:
Mariana Tavares

Dados Internacionais de Catalogação na Publicação (CIP)
(Câmara Brasileira do Livro, SP, Brasil)

```
Andrade, May
    O manual do alquimista moderno : aprenda a criar a
sua realidade usando o poder da mente / May Andrade.
-- Nova Petrópolis, RS : Luz da Serra Editora, 2022.

    ISBN 978-65-88484-60-9

    1. Alquimia 2. Autoajuda 3. Desenvolvimento
pessoal 4. Hermetismo 5. Poder da mente I. Título.

22-130009                                    CDD-118
```

Índices para catálogo sistemático:

1. Poder da mente : Metafísica   118

Eliete Marques da Silva - Bibliotecária - CRB-8/9380

Todos os direitos reservados. Nenhuma parte desta obra pode ser reproduzida ou transmitida por qualquer forma e/ou quaisquer meios (eletrônico ou mecânico, incluindo fotocópia e gravação) ou arquivada em qualquer sistema ou banco de dados sem permissão escrita da Editora.

Luz da Serra Editora Ltda.
Avenida Quinze de Novembro, 785
Bairro Centro Nova Petrópolis/RS
CEP 95150-000
loja@luzdaserra.com.br
www.luzdaserra.com.br
www.loja.luzdaserraeditora.com.br
Fones: (54) 3281-4399 / (54) 99113-7657

Este Manual
de Alquimia
pertence a

_____

SUMÁRIO

13 Prefácio
20 Convido você a ser um alquimista

PARTE 1

32 **O Poder da Alquimia Mental**
37 Como funciona a alquimia mental?
41 Os sete estágios da alquimia mental
50 Os elementos alquímicos

PARTE 2

60 **Mente: o laboratório do alquimista**
67 A diferença entre mente e consciência
72 Será que a sua mente é fraca?
75 A mente do alquimista
78 Os elementos alquímicos da atividade mental

PARTE 3

- 84   As Leis Universais e o funcionamento da realidade
- 89   Lei do Mentalismo
- 97   Lei da Correspondência
- 107   Lei da Vibração
- 115   Lei da Polaridade
- 125   Lei do Ritmo
- 135   Lei de Causa e Efeito
- 143   Lei do Gênero
- 149   A transmutação mental

PARTE 4

- 166   A alquimia da prosperidade segundo as leis herméticas
- 173   A Prosperidade e a Lei do Mentalismo
- 176   A Prosperidade e a Lei da Correspondência
- 178   A Prosperidade e a Lei da Vibração
- 183   A Prosperidade e as Leis da Polaridade e do Ritmo
- 187   A Prosperidade e a Lei de Causa e Efeito
- 193   A Prosperidade e a Lei do Gênero

PARTE 5

198 **Como tudo se manifesta na matéria**

208 Vamos exercitar a criação da sua realidade?

211 Com qual mente você cocria?

PARTE 6

220 **Rituais alquímicos de manifestação**

223 Ritual do Pote dos Desejos

226 Ritual do Magnetismo Pessoal

228 Ritual para Dinheiro Rápido

231 Ritual do Foguete dos Desejos

234 **Parabéns, agora você é um alquimista!**

241 **Obras citadas ao longo deste livro**

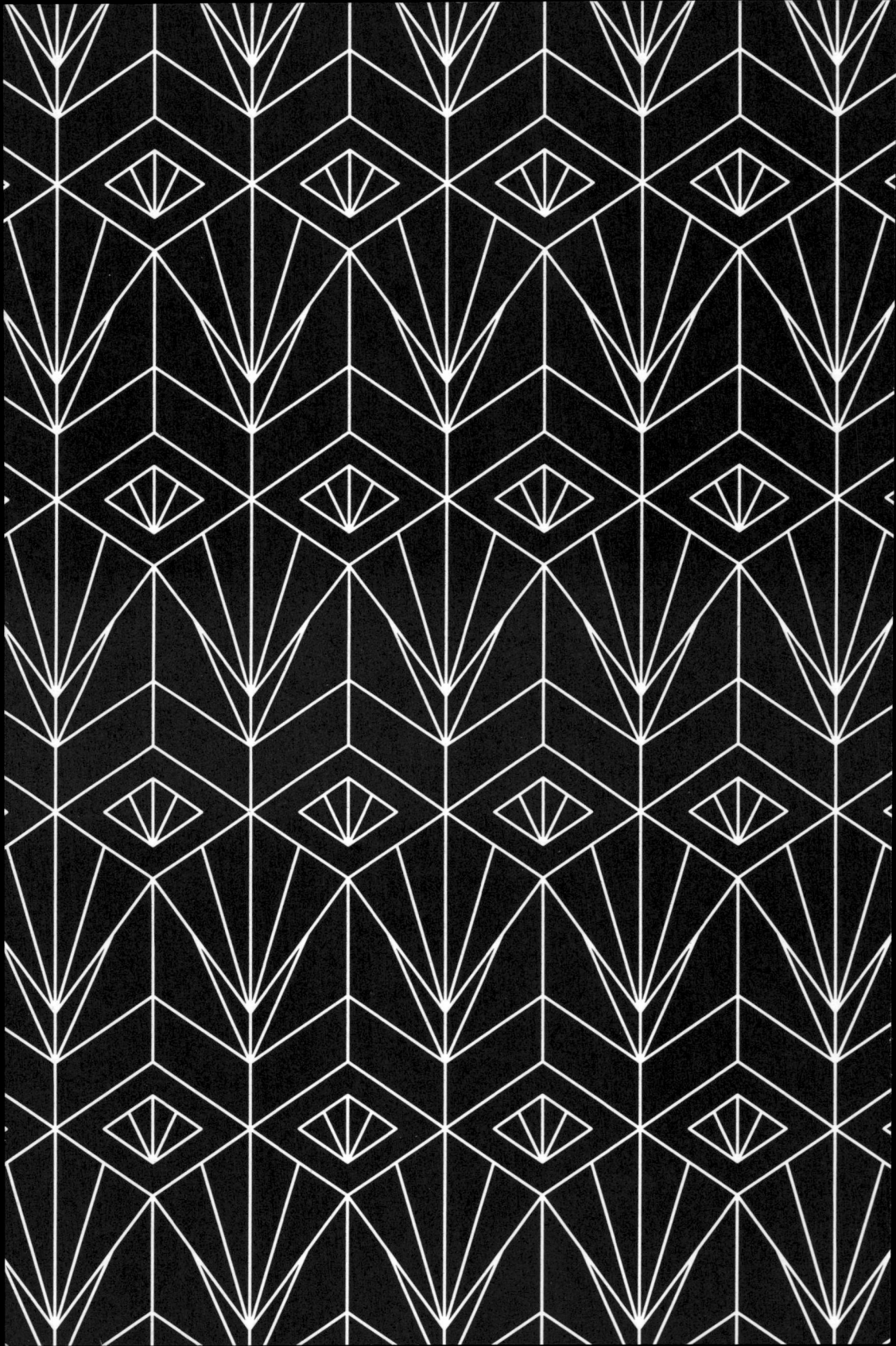

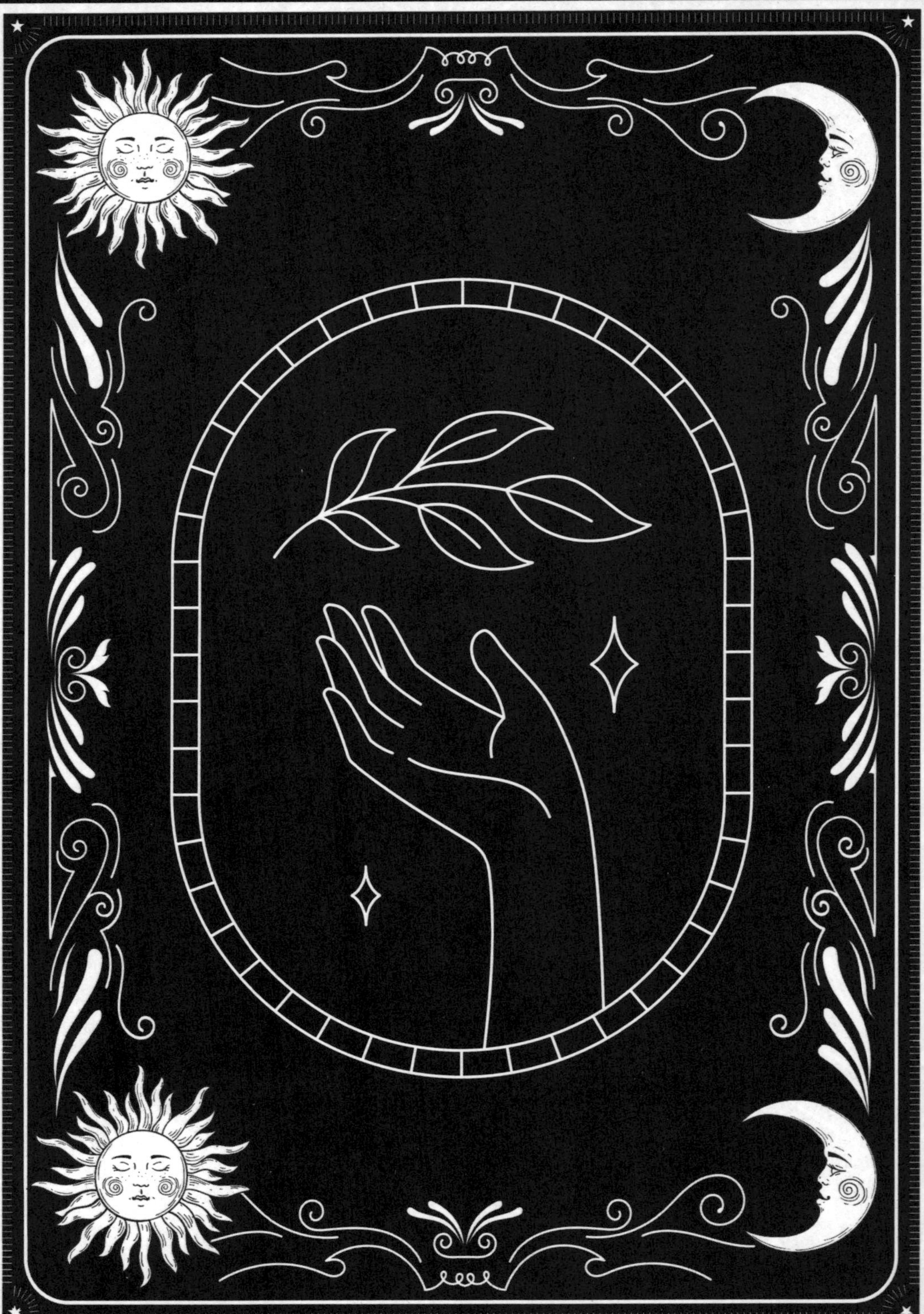

Prefácio

Escrever o prefácio do segundo livro da May Andrade não é uma surpresa para mim. Sempre soube que ela tinha tudo para chegar longe. Quando a conheci, 14 anos atrás, me apaixonei justamente pela mulher sábia e eloquente que ela era. Já tinha pós-graduação, falava inglês com fluência, era uma profunda estudiosa da Bíblia e das religiões... Para mim, eu estava diante de uma mulher poderosa em todos os sentidos!

E não estava enganado. Nós dois éramos da igreja evangélica. Por pouco, nossos destinos tinham se cruzado no Paraná, onde eu trabalhava na cidade de Londrina, e ela atuava como missionária da organização Jovens com uma Missão (Jocum), em Ponta Grossa. Mas foi em Macapá, nossa cidade natal, onde finalmente nos conhecemos algum tempo depois. Eu tocava guitarra, fazendo parte do grupo de louvor, e ela era a ex-missionária recém-chegada. Toda a inteligência que a May demonstrava ter e o seu forte caráter religioso me encantaram. Eu estava em busca de alguém para casar. Com certeza, tinha encontrado.

Após o nosso casamento, eu me sentia muito feliz por estar com uma mulher tão especial. Via de perto o quanto a May é uma buscadora de conhecimento. Ela simplesmente se diverte estudando! Naquele início de vida a dois, nossa vida conjugal tinha tudo para ser maravilhosa, se não fossem duas questões...

A primeira era a religiosidade. Isso sempre nos atrapalhou muito. Freava nossas vidas, nos impedindo de alcançar sonhos maiores. A religião muitas vezes pode calcificar nossas mentalidades. Eu e a May formávamos aquele casal que, aonde chegássemos, as pessoas comentavam: "Ih, lá vêm os chatos, os crentes...". Nós não nos relacionávamos bem com quem não era evangélico. Dizíamos não para tudo ao nosso redor que não estivesse de acordo com as escrituras.

Também por conta da religião alimentávamos algumas crenças limitantes, como achar que tudo era pecado e que não éramos merecedores da graça de enriquecer (porque quem enriquece não é de Deus). Essas limitações, além de nos cegarem, faziam com que nós dois brigássemos. E ainda tinha a questão do dízimo... Se devêssemos um centavo, era muito grave! Às vezes, precisávamos pagar uma conta ou queríamos comprar algo, mas optávamos por dar o dízimo senão os gafanhotos destruiriam nossa vida financeira e jamais iríamos prosperar.

Isso nos leva à segunda questão que atrapalhava a nossa felicidade: o dinheiro. Apesar de sermos da igreja, vivíamos um casamento extremamente complexo na questão financeira.

Dificilmente conseguíamos pagar todas as contas. Sempre ficávamos devendo algo. E mais dívidas, mais dívidas, mais dívidas... Mesmo que déssemos o dízimo todos os meses, nada melhorava.

Eu também era muito pão-duro. Na verdade, não é que eu fosse assim, mas é que eu tinha uma mentalidade de escassez. Achava que não podia comprar algo, porque senão alguma outra coisa iria faltar. Não era proposital... Eu agia assim por medo. Um medo gigantesco do amanhã. E esse medo corroía a minha vida e fazia com que nós dois brigássemos muito, porque a May queria conquistar as coisas materiais, mas eu dizia não.

Enfim, nossa mentalidade, em vez de estar sendo expandida, permanecia micro. Não conseguíamos enxergar longe... Só víamos as coisas da igreja e ponto final. Se não estivéssemos ali cooperando, éramos encarados como pecadores. E muitas vezes notávamos abusos dos líderes em relação às nossas vidas pessoais, mas não tínhamos coragem de nos desligar de tudo aquilo.

Confesso que eu já estava ficando farto da vida que levávamos. Na verdade, era a única vida que eu conhecia, já que fazia parte da quarta geração de evangélicos em minha família. Minha ligação com a religião, no fundo, vinha dessa herança familiar. Sair da igreja, então, passou a ser um dos meus maiores sonhos. Mas e o medo? Por isso, quando vi que a May estava começando a se transformar, preferi primeiro respeitar os posicionamentos dela. Apenas disse: "Olha, estou vendo que você está estudando e sempre confiei na sua intuição. Só não quero que se afaste de Deus, que deixe de acreditar Nele. O resto, estou junto com você". Foi assim que, por amor, eu confiei na capacidade dela de estudar, raciocinar e ter um novo pensamento.

E então começaram as mudanças maravilhosas! May passou a pensar fora da caixinha e parou de viver debruçada na religião. Além disso, nossa parte financeira começou a melhorar muito. Paramos de nos conformar com pouco e passamos a entender que poderíamos conseguir muito, sim, já que não há pecado algum em prosperar. May passou a acreditar que poderia realizar todos os sonhos dela, tendo a certeza absoluta de que não iria para o inferno. Para aquelas pessoas que a procuravam apenas para resolver questões de religiosidade, ela as encarava de frente e dizia: "Não, tô fora. Eu não acredito mais nisso". May encarou as pedradas e as críticas que vieram como uma carta de alforria.

Nossa vida sentimental acompanhou todo esse movimento com alegria. Sabíamos agora que poderíamos nos amar e chegar aonde quiséssemos, sem medo de irmos para o inferno. Afinal, todo mundo é amado por Deus! Crenças e paradigmas foram quebrados na vida da May e, consequentemente, na minha também.

Foi muito libertador quando eu descobri que poderia estar fora da igreja e não ser um pecador. Continuo, sim, crendo em Deus, num ser superior que hoje chamo de Todo. E também tenho fé na minha Centelha Divina. Antes, eu vivia oprimido, depressivo dentro da igreja. Não acreditava em mais nada além daquilo. Agora, posso encarar minha família e meus amigos, fazer minhas tatuagens, ouvir minhas músicas de rock e heavy-metal, falar de forma divertida sobre espiritualidade e dizer a minha opinião sobre religião. Hoje sei que nada disso é pecado e que Deus me ama como sou.

Toda essa mudança de mentalidade, que iniciou com a May, modificou completamente as nossas vidas. Não temos mais medo e encaramos tudo de frente. Sabemos que nada nos faltará e que o dia de amanhã também será perfeito. Temos consciência de que somos prósperos e podemos prosperar cada vez mais e realizar todos os nossos sonhos. E, claro, paramos de brigar por causa de dinheiro.

A May fez a sua própria transmutação mental e, de quebra, acabou transmutando a minha mente e a minha vida também. Como? Vivendo na prática todo esse ensinamento transformador que ela traz neste livro para você. O que ela vai ensinar aqui é um conteúdo muito precioso, que guarda o potencial de também transformar a sua própria vida. Por isso, querido leitor (futuro alquimista!), permita-se não ter amarras nos seus olhos e na sua mente ao degustar o conteúdo do **Manual do Alquimista Moderno**. Esteja disposto a ler cada página, mesmo que a princípio não concorde ou não acredite em uma palavra sequer. Mas esteja aberto para ao menos ver o que tem lá do outro lado.

E se o que encontrar do outro lado ressoar com você, se tocar seu coração, esteja aberto para aprender. Abra-se para uma sabedoria que talvez desconheça por completo ou tenha preconceito, por acreditar ser demoníaca, errada, pecaminosa.

Eu aconselho que você encare este conteúdo, pelo menos, como um estudo. Mas prepare-se, porque essa nova forma de pensar poderá arrancar as vendas de seus olhos e descalcificar a sua mentalidade, fazendo com que você veja e sinta mudanças em sua vida, da mesma maneira como aconteceram na minha e na da May.

A verdade é que vai chegar um momento em que você precisará dizer: "Chega de amarras; chega de me preocupar com a opinião dos outros!". Existem pelo menos dois fatores que travam a sua vida: não acreditar que há uma nova forma de pensar e ter medo. Assim, quando você deixar de temer e se permitir abrir-se para novos conhecimentos, a sua vida vai mudar. Eu garanto! Então, leia este livro com o coração aberto, com a mentalidade disponível para receber o novo, livre de preconceitos, dogmas ou doutrinas. Pode ter certeza de que vai valer a pena embarcar nesta aventura de mãos dadas com a *maga* May Andrade – é o que eu tenho feito nos últimos anos e não me arrependo!

ELSON KRÜGGER
Marido e sócio da May Andrade

Convido você a ser um alquimista

Quando eu estava preparada, um certo livro me achou. Não fui eu que o procurei. Graças a um sonho, tive a confirmação de que fui escolhida para ser uma iniciada, para aprender as leis ocultas escondidas naquela obra fininha, mas de grande valor: *O Caibalion — Estudo da filosofia hermética do Antigo Egito e da Grécia*, assinada por Três Iniciados (que, a partir de agora, passarei a chamar simplesmente de *Caibalion*).

Antes de contar a você sobre o meu sonho, preciso que entenda quem era a May antes e depois de conhecer este livro. Desde muito pequenininha, eu busco respostas. Aos 5 anos, antes de dormir, já rezava sozinha e ficava perguntando: "De onde eu vim? Para onde irei? Quem é Deus? Quem me colocou neste mundo? Qual o sentido da vida?". Fui crescendo e essa busca por respostas para sanar minhas crises filosóficas me acompanhou pela vida inteira. E onde é que costumamos procurar esclarecimento quando temos esse tipo de dúvida? Naturalmente, vamos a uma igreja.

Frequentei várias, o que foi muito bom, porque conheci diferentes tipos de crenças e formas de se ver Deus. Estudei bastante, li inúmeros livros — inclusive a Bíblia, várias vezes —, mas as dúvidas continuavam. Até que, numa época em que eu estava bem frustrada porque a minha cafeteria não estava indo nada bem, um amigo me recomendou dois livros voltados para o autoconhecimento na área das finanças: *Pai Rico, Pai Pobre*, de Robert Kiyosaki e Sharon Lechter, e *O Homem Mais Rico da Babilônia*, de George Samuel Clason. A partir deles, não parei mais de ler sobre metafísica. Autores como Napoleon Hill, Wallace D. Wattles, Joseph Murphy e Neville Goddard começaram a me mostrar a existência de uma consciência criadora e o papel que a nossa mente e a nossa imaginação têm na criação de nossa realidade.

Fui mergulhando fundo no autoconhecimento, na espiritualidade, na física quântica, na meditação... Estudei com vários mestres do Brasil e dos Estados Unidos. Entre eles, o professor Hélio Couto, com quem aprendi muito sobre mecânica quântica e criação da realidade a partir da consciência, por meio de suas aulas, suas palestras e seu livro *Mentes In-formadas*. E quanto mais eu trilhava o caminho da expansão da consciência, mais louca eu ficava. Era muita informação nova para eu digerir e compreender. No meu subconsciente, as crenças antigas atacavam as novas, me fazendo passar por muita crise interior, muita catarse. Isso costuma acontecer com todo mundo no início do despertar da consciência: sofremos quando temos que substituir todo um padrão de crenças que alimentamos a vida inteira para nos tornarmos uma nova pessoa, com pensamentos diferentes e com a consciência totalmente renovada.

Numa madrugada, quando eu morava nos Estados Unidos, estava há horas em minha sala deixando as lágrimas escorrerem no escuro, completamente desacreditada. Por mais que eu já entendesse o poder de manifestação da nossa realidade, na prática a minha vida ainda permanecia longe do que eu desejava. Até que, num impulso, fui até o banheiro e me olhei fixamente no espelho — e eu evitava bastante fazer isso, porque tinha baixa autoestima. Com toda a sinceridade do meu coração, chorando copiosamente, disse: "Quem sou eu? De onde vim? Quem me colocou aqui? Por favor, fala comigo! Eu não sei mais o que eu chamo, se é Deus, se é Universo... O que eu chamo?". Era como se eu exigisse que uma força maior me trouxesse as respostas. Exausta de tanto chorar, fui dormir.

É então que chegamos ao sonho que você deve estar curioso para saber. Só que foi muito mais do que um sonho. Foi uma experiência transcendental! Eu me via voando sobre as montanhas nevadas de Utah, mas não tinha corpo físico. Era apenas uma consciência, livre, leve e solta! Sem medo algum. Eu disse: "Estou voando, é uma sensação maravilhosa. Mas como estou aqui em cima, se não tenho corpo?". E então percebi uma outra consciência chegando pertinho de mim, mas eu não a via. Mesmo assim, sentia que éramos um só. Entendi que se tratava de uma consciência de muito amor e que estava ali para responder à pergunta feita na frente do espelho.

Ouvi nitidamente: *"É loucura pensar que, com a mente finita, você entenderá o que só a mente infinita sabe"*. De repente, no sonho, vi o meu corpo físico no alto de uma das montanhas. Comecei

É loucura pensar que, com a mente finita, você entenderá o que só a mente infinita sabe.

@temporariamentehumana

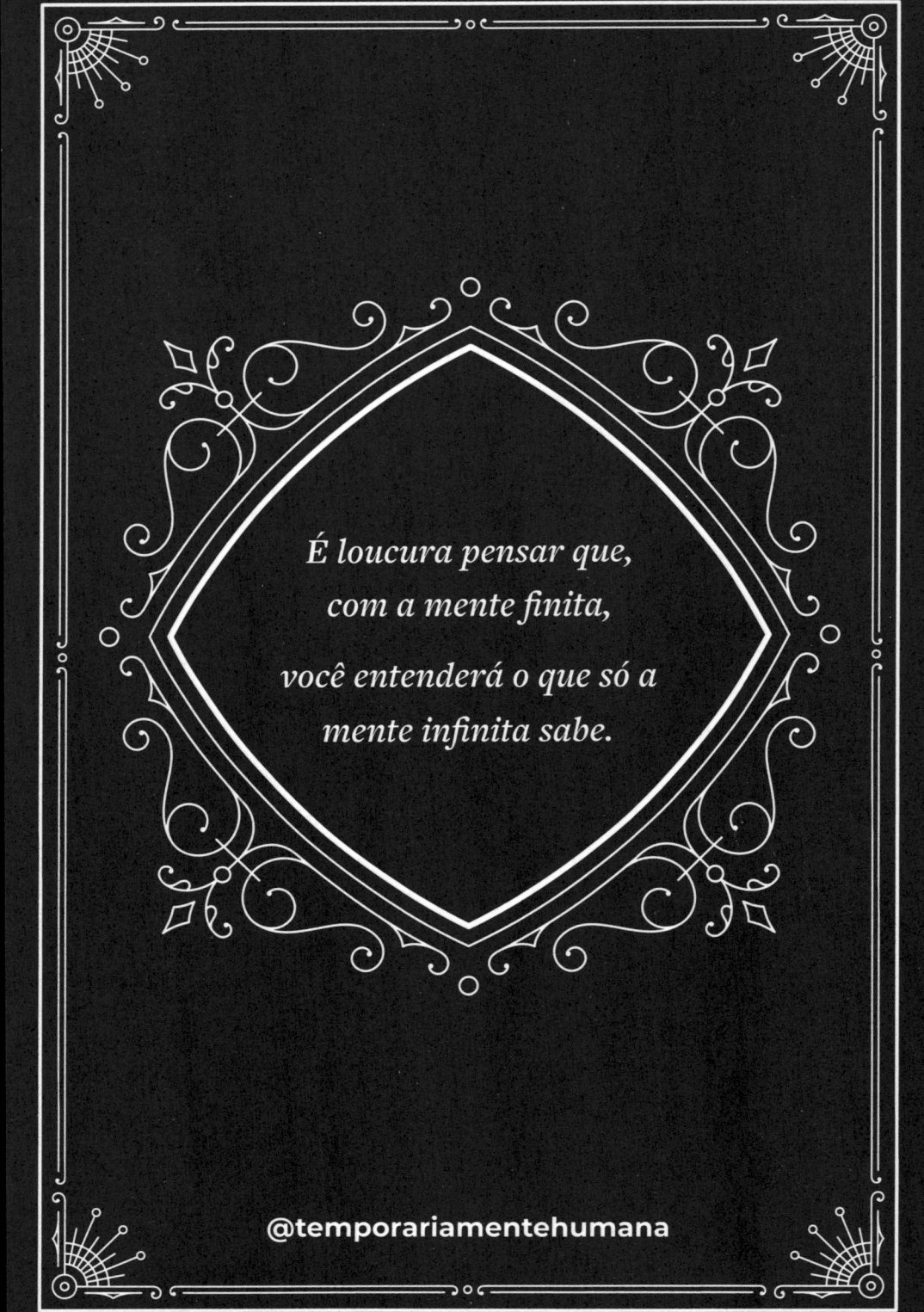

a descer até ele como se eu fosse um drone. Quando a minha consciência se acoplou ao meu corpo, despertei. Imediatamente, peguei papel e caneta para anotar a frase, que continuava reverberando nos meus ouvidos.

Entendi que existem duas mentes: a finita, com a qual eu estava procurando entender os segredos do Universo, e a infinita, que, àquela altura, eu acreditava ser a mente de Deus, do Todo. Confesso que não consegui compreender todo o sentido daquela frase, mas de uma coisa eu tinha certeza: alguém havia tentado responder à minha dúvida de uma vida inteira. Depois desse sonho, eventos e sincronicidades foram acontecendo até me levarem a um vídeo no YouTube, falando sobre o livro O Caibalion e a filosofia hermética. Achei a explicação sobre o hermetismo muito interessante e, mesmo ainda receosa por conta das crenças religiosas que eu carregava na época, decidi comprar o livro. Foi quando me deparei com a seguinte frase: *"A religião é esforço de mentes finitas para explicar o que só a mente infinita sabe"*.

Lembrei imediatamente do que havia sido dito por aquela consciência. Era muito parecido! Naquele ponto, eu ainda estava muito fixada à religião em que havia sido criada, na cultura em que tinha sido educada... E, para que possamos expandir a nossa consciência, é necessário considerar o que está além daquilo que passaram a vida inteira nos ensinando. Era isso o que aquela consciência quis me dizer naquele sonho.

Passei a devorar o *Caibalion*! E quando eu li o seguinte trecho, lágrimas escorreram naturalmente de meus olhos:

> *"De modo que, de acordo com o indicado, só dará atenção a este livro aquele que tiver uma preparação especial para receber os Preceitos que ele transmite. E, reciprocamente, quando o estudante estiver preparado para receber a verdade, também este livro lhe aparecerá. Esta é a Lei. O Princípio hermético de Causa e Efeito, no seu aspecto de Lei de Atração, levará os ouvidos para junto dos lábios e o livro para junto do discípulo. Assim são os átomos!"*

Era isso! Eu tinha achado aquilo que estive procurando desde a infância. Não sei explicar a energia que naquele momento me envolveu e me conectou com aquele livro. *Era como se eu tivesse encontrado a pista para voltar para casa.* Ele foi um divisor de águas na minha vida!

E foi assim que começou a minha história com o *Caibalion*. Não foi uma leitura fácil, porque eu tive que reler várias vezes; demorei estudando os capítulos e procurando entender e aplicar o seu conhecimento em minha vida. Mas, desde aquele sonho, consegui compreender que eu não sou o meu corpo ou a minha mente, e sim uma consciência livre de forma, que existe além do tempo e do espaço. Meu corpo é apenas um veículo através do qual essa consciência amorfa, não física, se expressa aqui na matéria.

Com o *Caibalion*, entendi — de uma vez por todas — toda a estrutura que gera a nossa realidade. E aplicando as leis herméticas, aprendi a técnica da transmutação mental. Foi então que, finalmente, consegui mudar a minha mente para manifestar tudo aquilo o que eu sonhava. Em 2018, iniciei o meu canal

Temporariamente Humana, no YouTube, que teve um aumento impressionante de inscritos após um vídeo viralizar, em março de 2019, falando justamente sobre a transmutação mental. O canal cresceu muito, passei a dar cursos on-line e a fazer *workshops*, a ponto de hoje totalizar mais de 25 mil alunos.

Em 2021, manifestei outra conquista: lançar o meu primeiro livro, *Centelha Divina — Desperte o poder oculto da sua alma em 21 dias* (também da Luz da Serra Editora), e me tornar uma autora best-seller! Como uma verdadeira alquimista, fui conseguindo realizar vários desejos materiais, como comprar o carro e o apartamento dos sonhos para minha família. Pouco mais de três anos após o meu primeiro vídeo viralizar, a minha vida se transformou totalmente e muitos, muitos sonhos foram realizados. E eu tenho certeza de que virão vários outros pela frente.

É por isso que o *Caibalion* foi a minha inspiração para escrever **O Manual do Alquimista Moderno**. Com ele, fui iniciada nas sete leis herméticas, na alquimia mental e, sobretudo, na transmutação mental. Depois que eu fiz essa técnica e passei a colocar em prática as sete leis, tantas coisas boas aconteceram na minha vida... Hoje posso dizer que tudo o que eu tenho foi conquistado aplicando esse conhecimento. E, neste livro, vou ensinar você a fazer o mesmo, mas a partir da minha interpretação pessoal e da minha vivência com essas leis. Vou passar, mastigadinho, a essência do hermetismo, para que, assim como eu, você também seja capaz de se transformar no alquimista da sua própria vida.

A partir desta leitura, você se tornará um iniciado, um estudante da arte da alquimia mental. Aqui, vou apresentar os

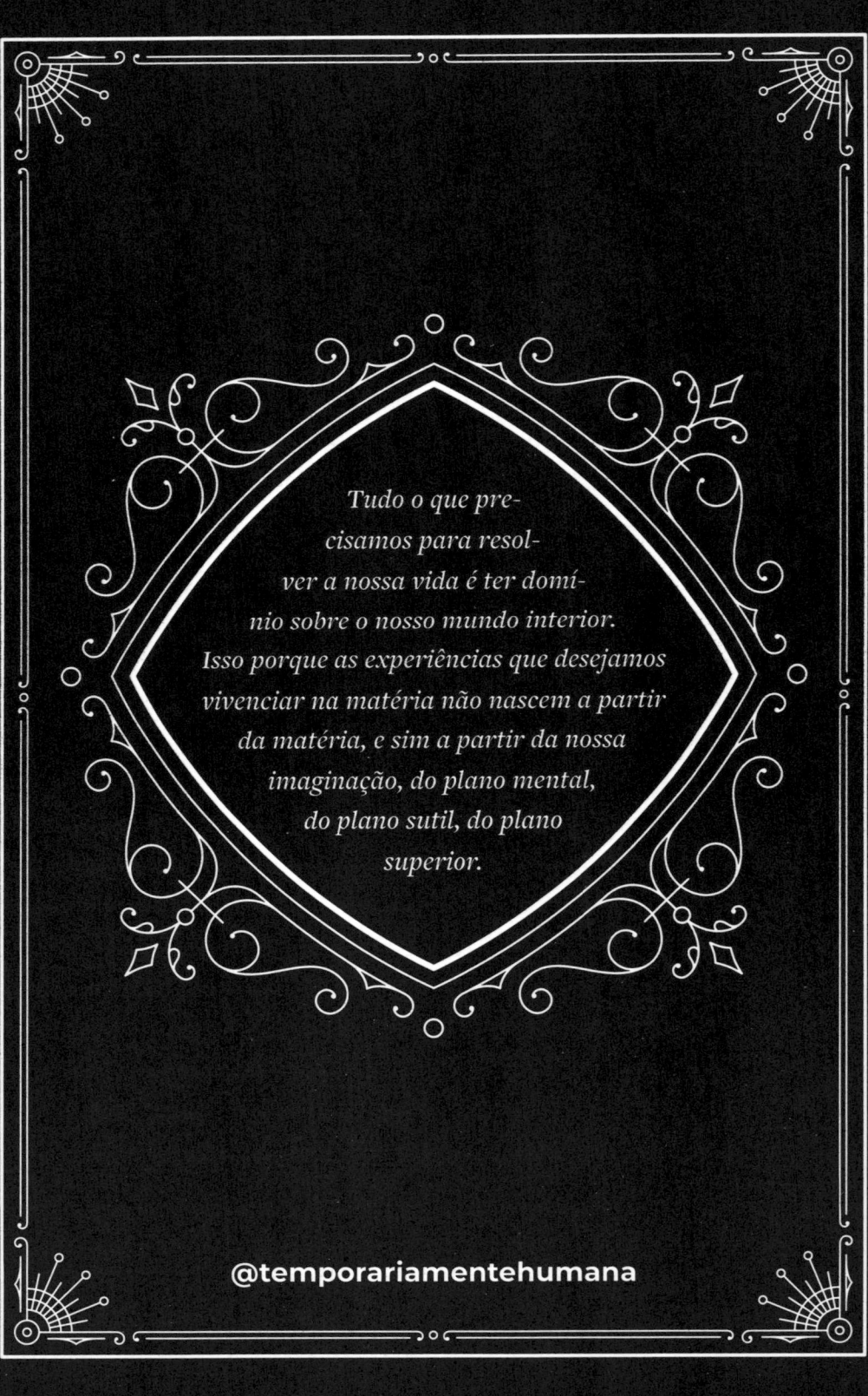

Tudo o que precisamos para resolver a nossa vida é ter domínio sobre o nosso mundo interior. Isso porque as experiências que desejamos vivenciar na matéria não nascem a partir da matéria, e sim a partir da nossa imaginação, do plano mental, do plano sutil, do plano superior.

@temporariamentehumana

princípios básicos que envolvem esta arte milenar da transmutação dos estados mentais, que tem transformado milhares e milhares de mestres alquimistas ao longo dos séculos. Eu vou revelar para você todos os segredos que pertenciam às sociedades secretas. Hoje, todo esse conhecimento pode ser achado na internet. Porém, saiba que ele é cheio de códigos e símbolos.

Por isso, no **Manual do Alquimista Moderno**, eu decodifiquei esta arte tão complexa de ser entendida, trazendo para um contexto o mais contemporâneo possível, para que você possa usar a alquimia mental de forma prática em sua vida. Pode ter certeza de que o conteúdo das páginas a seguir tem o poder de mudar a sua vida. Ele mudou a minha e tem feito o mesmo com milhares de outras pessoas.

Entenda que eu já passei pelas mesmas dificuldades que você, sempre procurando respostas e achando que a solução estava fora, que alguém poderia vir me ajudar. Talvez um Deus lá longe, no céu. Ou, quem sabe, se eu trabalhasse muito duro iria conseguir o que desejava... Mas, na verdade, tudo o que precisamos para resolver a nossa vida é ter domínio sobre o nosso mundo interior. Isso porque as experiências que desejamos vivenciar na matéria não nascem a partir da matéria, e sim a partir da nossa imaginação, do plano mental, do plano sutil, do plano superior. É esta magia que vou ensinar você a fazer: acessar esse mundo invisível para criar o que deseja vivenciar na matéria. Como? Utilizando a sua mente, que é o laboratório do verdadeiro alquimista.

Exatamente como aconteceu comigo quando o *Caibalion* chegou até mim, saiba que, se o **Manual do Alquimista Moderno** se manifestou em sua vida, é porque a sua mente está forte o suficiente para receber todo esse conhecimento. Não é por acaso que você está aqui. Pela Lei das Causalidades, aprendemos que nada acontece por acaso. Se você está com este livro nas mãos, atraiu essa informação. Está pronto!

É o seu tempo, é a sua hora de dominar a sua própria vida, de tomar as rédeas da sua própria mente e começar a criar a realidade dos seus sonhos. Você, sim, foi chamado para ser um iniciado. Foi escolhido para ser uma pessoa que tem vontade forte, que tem mente forte. Você não estaria aqui se não estivesse preparado para receber esses conhecimentos e colocá-los em prática.

Então, se hoje você não está vivendo a vida dos sonhos, é porque ainda não aprendeu a transmutar. E eu não estou falando especificamente da técnica, e sim de um estilo de vida que o alquimista tem. Neste livro, portanto, vou ensinar você a mudar um padrão negativo para um positivo, de modo que isso reverbere nos acontecimentos do seu dia a dia. É assim que o alquimista triunfa. É assim que eu quero ver você triunfar. Então convido você a acessar os segredos para mudar a sua mente e, assim, mudar a sua vida.

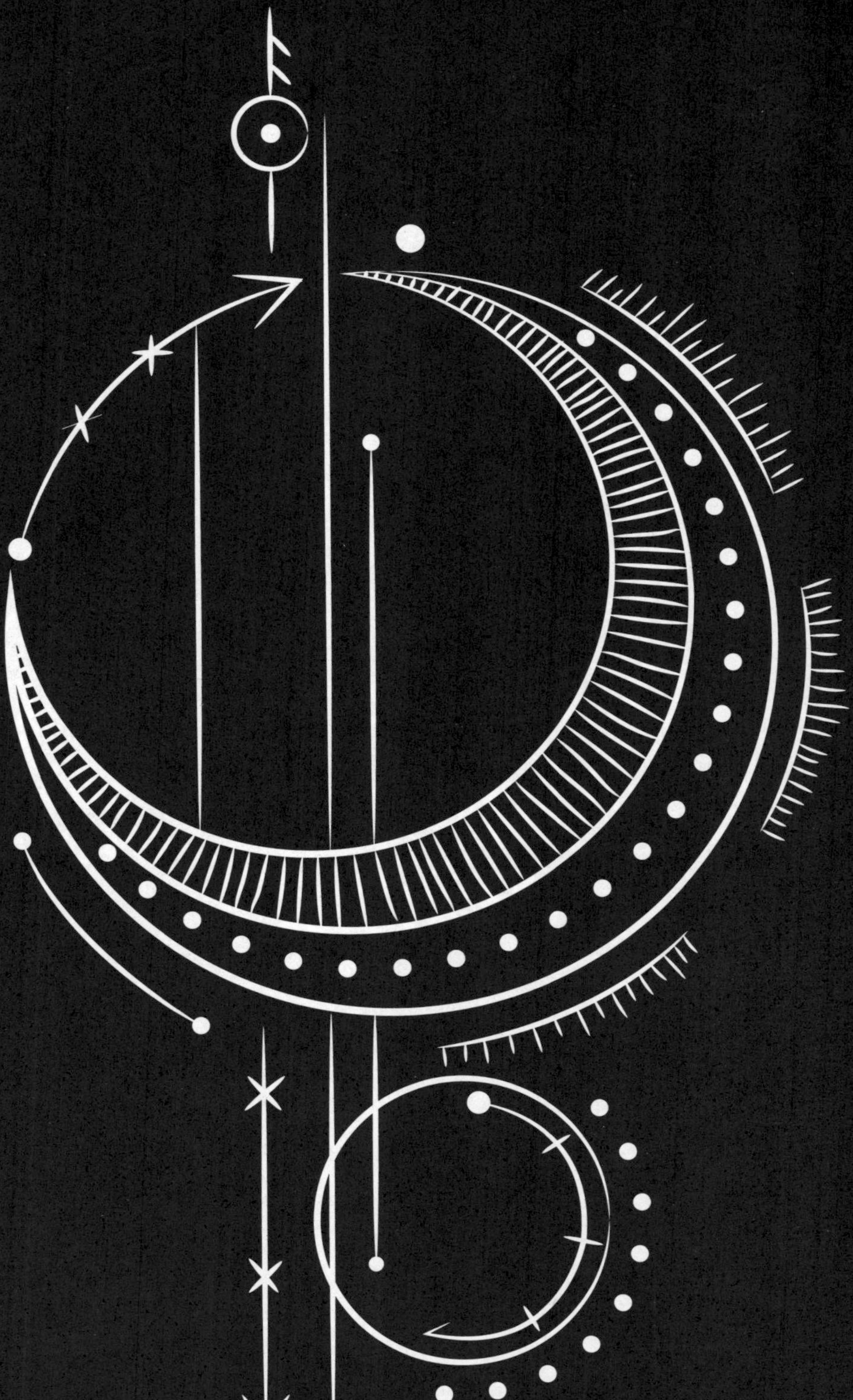

PARTE 1

O Poder da Alquimia Mental

A partir deste momento, você dará os primeiros passos no conhecimento de uma filosofia oculta, que por muito tempo foi transmitida apenas para quem tinha o merecimento e a coragem de recebê-la. Você tem essa coragem? Espero que sim! Porque merecimento com certeza possui, já que, como é dito no *Caibalion*, "quando os ouvidos do discípulo estão preparados para ouvir, então vêm os lábios para os encher com sabedoria". E prepare-se: o que aprenderá aqui é uma sabedoria que dá poder ao ser humano, deixando-o totalmente independente de qualquer fator externo para ter sucesso na vida.

Então, não tenha medo de se abrir para o novo. Você já ouviu aquela lenda dizendo que no fundo da caverna existe ouro? Riquezas incontáveis e inimagináveis... Só que, guardando este tesouro, encontra-se um enorme dragão que cospe fogo. Mas o cavaleiro corajoso veste a armadura, segura a sua espada e vai até a caverna escura e sombria enfrentar o dragão. Ele o mata e finalmente tem acesso a toda aquela riqueza. Você, iniciado, é como este cavaleiro, precisando enfrentar o medo para entrar na caverna do conhecimento. O tesouro que irá encontrar são as palavras deste livro, e elas vão mostrar a você que é possível transformar sonhos em realidade.

No fundo de nossa caverna, estão os conhecimentos milenares que Hermes Trismegistus nos deixou. Sua filosofia nasceu no Antigo Egito e, por muitos e muitos anos, permaneceu restrita a iniciados, os únicos que podiam acessar os mistérios sobre o funcionamento do Universo, quem é o Todo e quem somos nós. A grande massa da época ainda não estava preparada para receber tanta sabedoria. Seria como dar pérolas aos porcos. Por isso, os segredos do hermetismo pertenciam às sociedades secretas, que eram grupos fechados que repassavam esses ensinamentos de forma oral somente para quem merecesse. Esses grupos seletos sabiam dominar a alquimia mental e, com isso, seus integrantes eram os únicos que prosperavam e se tornavam líderes.

Com o passar dos milênios, chegamos à Idade Média. Foi quando os seguidores do hermetismo dessa época passaram a sofrer perseguições, sendo considerados magos ou bruxos. Para se esconderem, vestiam grandes capas como cientistas e justificavam-se à sociedade dizendo que estavam buscando criar a panaceia universal — um remédio único para curar todos os males físicos e morais da humanidade — e descobrir a pedra filosofal, capaz de realizar a alquimia de transformar qualquer metal em ouro. É daí que surgiu o termo alquimista.

Só que a verdadeira alquimia não é transmutar metais — apesar de ela ter dado origem à química que conhecemos hoje. Na alquimia de fato, os hermetistas da Idade Média fingiam ser cientistas para praticar o que era chamado de magia, mas que hoje é conhecido por física quântica, Lei da Atração, técnica de manifestação. A pedra filosofal, que transforma tudo em ouro, nada mais é do que o próprio ser humano completamente modificado, tendo adquirido o conhecimento mais valioso: dominar as suas emoções e o seu poder mental. É quando ele encontra a sua riqueza ao compreender que pensamentos, sentimentos, ações, palavras e certos elementos físicos e não físicos são alquímicos, e todos eles exercem um poder sobre a sua realidade. A alquimia, portanto, é a arte do domínio das emoções e da própria mente.

Da Idade Média, pulamos agora para 1908, quando foi lançado o *Caibalion*. Os autores assinaram enigmaticamente como Três Iniciados — como não poderia deixar de ser, já que estamos tratando de ocultismo. Eles estudaram a filosofia hermética a fundo e fizeram uma compilação das sete leis que regem o Universo, segundo Hermes Trismegistus, e de como podemos realizar a transmutação mental. É claro que as verdades ditas por Hermes também estão presentes em outros ensinamentos, não com as mesmas palavras, mas com os mesmos conceitos. Porém, o *Caibalion* — mesmo em tão poucas páginas — consegue

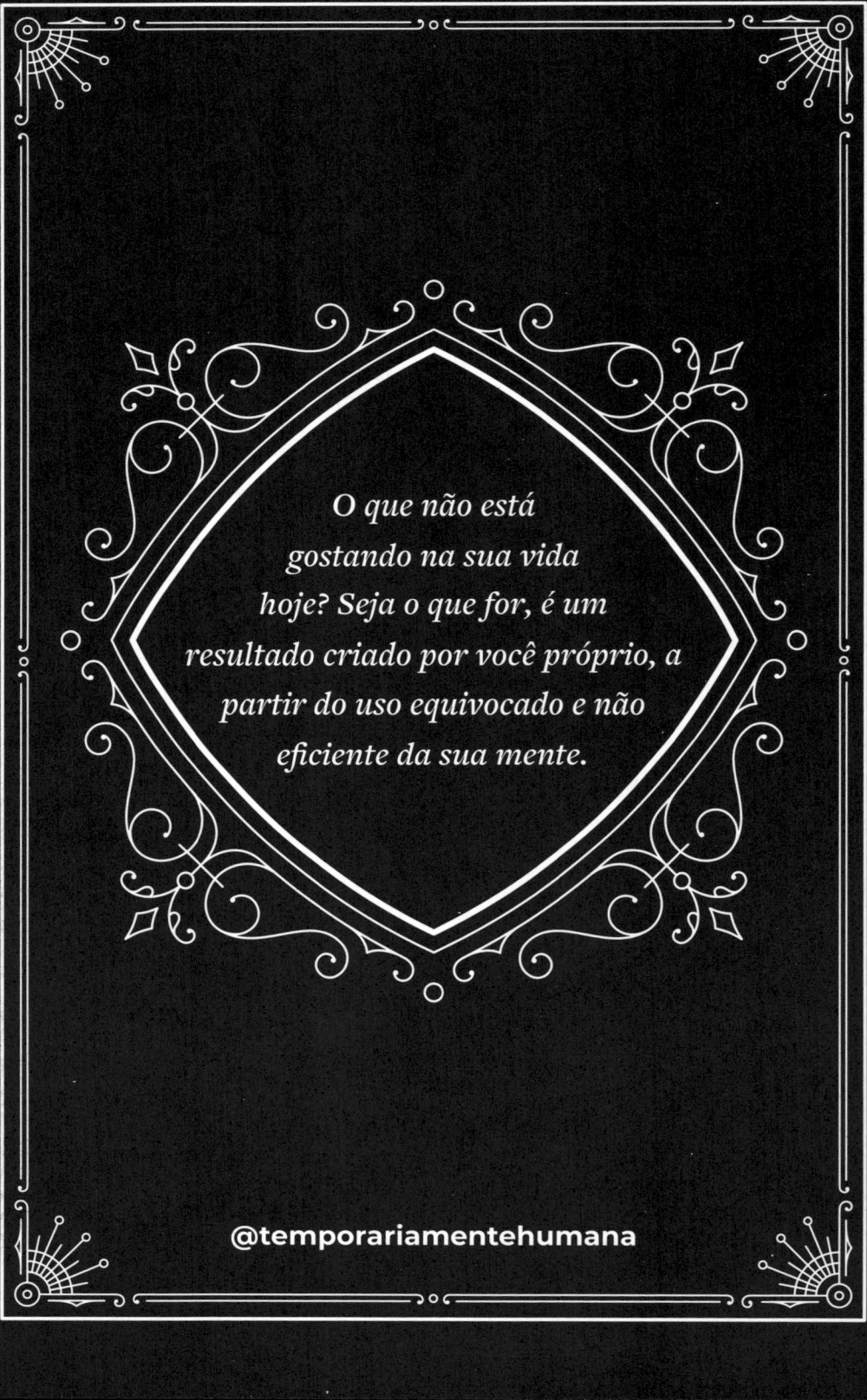

O que não está gostando na sua vida hoje? Seja o que for, é um resultado criado por você próprio, a partir do uso equivocado e não eficiente da sua mente.

@temporariamentehumana

nos dar um embasamento profundo para compreendermos os mistérios ocultos da humanidade.

Esse livro precioso me ensinou tudo o que eu sei sobre a arte da alquimia mental. Muitas pessoas pensam que se trata de magia, feitiçaria. Mas é simplesmente aprendermos a dominar as nossas vibrações para, aí sim, o Universo poder trabalhar para nós. Aqui no **Manual do Alquimista Moderno**, você vai aprender isso de maneira bastante fácil. Então, iniciado, prepare-se! Você está a poucos passos de se transformar num verdadeiro mago — e, agora, nem precisará mais de capa para se esconder.

Como funciona a alquimia mental?

Chegou a hora de você começar a transformar os seus estados mentais em ouro. O que não está gostando na sua vida hoje? Seja o que for, é um resultado criado por você próprio, a partir do uso equivocado e não eficiente da sua mente. Mas agora que está se tornando um alquimista de sua própria realidade, compreende que está aqui nesta experiência temporariamente humana para controlar, dominar, modificar e aprender a usar esse instrumento tão maravilhoso que você tem: a sua mente.

O que seria, então, a alquimia mental? É a arte de dominar a própria mente por meio da transmutação, mudando conscientemente de um estado mental indesejado a outro mais desejado. Envolve o equilíbrio de todos os elementos da atividade mental, como pensamentos, sentimentos, emoções e reações.

O grande Hermes Trismegistus representa o arquétipo do alquimista perfeito! Isso porque ele conseguiu dominar a arte da alquimia mental e as sete grandes leis que governam o Universo, que são descritas no livro O *Caibalion*. Este filósofo é, na verdade, uma figura lendária. Ninguém sabe afirmar se ele existiu realmente. Mesmo assim, está presente em diversas culturas, sendo retratado de diferentes formas: no Egito, ele é o deus Toth, com corpo humano e cabeça de pássaro íbis. Na mitologia romana é o deus Mercúrio; e na grega, Hermes, o Mensageiro. A imagem que apresento a você a seguir é mais moderna, tendo surgido na época do Renascimento. Ela é a mais usada dentro dos círculos iniciáticos, por carregar diversos elementos simbólicos.

Nela, Hermes Trismegistus está segurando o globo terrestre, significando que é o senhor do seu mundo interior. Ele cria a própria realidade. E suas mãos retratam o axioma da segunda lei hermética, a Lei da Correspondência, que você aprenderá em detalhes mais adiante: "O que está em cima é como o que está embaixo, e o que está embaixo é como o que está em cima". A mão que aponta para o alto representa o mundo superior; a que aponta para baixo, o mundo inferior.

Hermes também segura um livro com a mão apontada para baixo. Ele simboliza todo o conhecimento das Leis Universais. Para completar, há um homem deitado, parecendo morto ou dormindo. O que ele representa? Olhe bem para o rosto dele e para o de Hermes. É a mesma pessoa! Esse homem moribundo significa o ego do filósofo — o seu velho eu, a sua mente fraca —, que está derrotado aos seus pés.

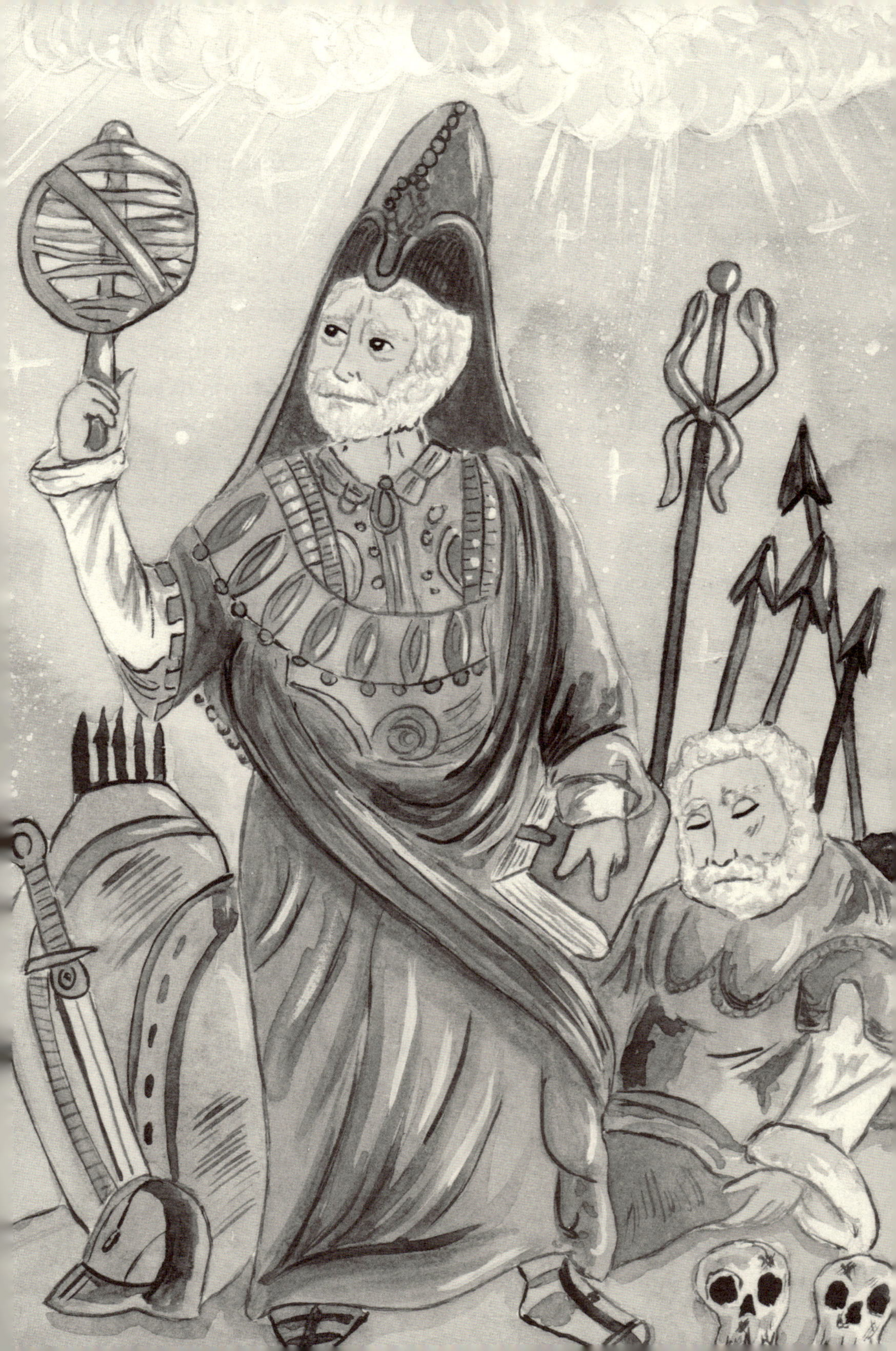

Para você ser um perfeito alquimista como o pai da filosofia hermética, alcançando poder e domínio próprio, precisará não apenas comandar a sua mente, mas também o seu ego. Dessa maneira, vai parar de agir por impulso e dominará o velho eu que está causando uma bagunça no seu mundo interior e exterior. E tem mais um detalhe: não queira mudar o outro com a alquimia mental. Ela foi feita para mudar você mesmo — ao entrar na sua mente e transformá-la, você altera a sua vida. E quando os seus bons resultados começarem a aparecer, a sua luz vai brilhar e os outros vão querer vir com você, fazendo suas próprias mudanças.

Como se vê, a alquimia mental nada mais é do que uma outra forma de você se autoconhecer. Afinal, a maioria das pessoas vive no piloto-automático, e se você quiser mesmo se tornar o alquimista da sua própria vida, deverá viver mais conscientemente e menos automaticamente. O verdadeiro alquimista domina a própria mente ao invés de ser dominado por ela. E, se você quiser se autodominar para obter os resultados desejados em sua vida, precisará estar consciente dos seus atos, pensamentos, sentimentos e emoções. Só assim conseguirá mudar do indesejado para o desejado.

Tem, ainda, um último detalhe para você aplicar a alquimia mental: será necessário conhecer as sete grandes leis que governam o Universo. Elas são a regra do jogo para que você seja um alquimista. Mas fique tranquilo, porque na terceira parte deste livro eu vou aprofundar essas leis junto com você.

Os sete estágios da alquimia mental

Está pronto para transformar metal comum em ouro? Para isso, precisará pegar o seu ego (o seu eu terreno) e transmutá-lo, obedecendo a sete estágios. Com eles, seguirá um ritual mental para mudar a sua realidade, mudando a si mesmo. Não acha que isso seja possível? Vou dar um exemplo do que aconteceu comigo para incentivar você.

Eu sou virginiana e, segundo a astrologia, as pessoas desse signo são muito perfeccionistas. Só que eu considero o perfeccionismo uma falsa qualidade, porque, se essa característica não é equilibrada, acabamos nos tornando muito julgadores, exigindo dos outros uma perfeição que ninguém tem. Então, por muito tempo, eu falava: "Ah, sou de virgem, sou perfeccionista mesmo". Só que, como alquimista, decidi não aceitar essa realidade. E mudei.

Os sete estágios são, justamente, para você modificar as características da sua dita personalidade. Vamos a eles:

1º – Observar

Diante de um espelho, observe bem a sua imagem refletida, porque ela vai mostrar como estão a sua mente e as suas emoções. Na expressão facial, é possível perceber quando uma pessoa está feliz, triste, raivosa... O rosto revela muito do que se passa dentro de nós. E se estivermos sentindo uma vibração baixa e desconfortável, como raiva e preocupação, tomaremos um choque de realidade ao nos olharmos no espelho.

Eu fiz essa técnica com o meu filho mais velho, quando ele tinha 9 anos. Eu estava no meu quarto e ele entrou tendo um ataque de raiva, porque estava aborrecido com algo que havia acontecido. Então, pedi que ele se olhasse no espelho da minha penteadeira. Quando ele fez isso, se assustou. Daí expliquei que a vida é um espelho: o que refletirmos nele vai voltar para nós mesmos. Por isso, precisamos pensar bem no que queremos ver no espelho.

Aproveitei a situação para ensinar ao meu filho como transmutar a raiva. Não se pode varrer a emoção para debaixo do tapete. É preciso descobrir a origem que o motivou a entrar bufando no quarto, porque essa ação é apenas a ponta do *iceberg*. Existe toda uma trajetória que aconteceu antes de meu filho estar com aquele sentimento. Como alquimistas, nosso dever é traçar o caminho de volta para descobrir a origem. E o primeiro passo para isso é se observar e se reconhecer na frente de um espelho.

Olhando-se, faça as seguintes perguntas:

"Como a imagem que eu vejo me faz sentir?"

"Essa imagem me representa?"

"Gosto dela?"

"Quero continuar com ela?"

"O que decido fazer com ela agora?"

Com essas perguntas, você vai forçar o seu subconsciente a dar as respostas. Saiba que, quando trazemos as respostas do nosso íntimo, criamos a alquimia necessária para haver compreensão e consciência a respeito das situações. Além disso, quando fazemos perguntas a nós mesmos, temos a oportunidade de mudar a nossa programação mental, porque deixamos emergir aquilo que estava escondido nas trevas da consciência e nem estávamos percebendo.

Provavelmente, ao fazer este exercício, não vai gostar do que vai ver. Mas este primeiro passo não é de acusação, e sim para despertar em você a necessidade, a vontade, o forte desejo de mudar. Entenda que, se não perceber que existe algo de errado com você, vai viver no piloto-automático a vida inteira, mantendo os resultados atuais dos quais não gosta. Então ouça as respostas que o seu subconsciente vai trazer. E a partir do momento que decidir que não quer mais continuar com essa imagem, é hora de ir para o próximo passo.

2º – Dissolver

Neste estágio, você vai derreter a sua imagem no fogo da consciência. Mentalmente, imagine o seu rosto cansado, chateado, preocupado ou triste se dissolvendo, virando um líquido... É como se fosse um metal sendo derretido em altas temperaturas. Agora, a sua imagem está pronta para ser moldada. Este é um passo rápido, mas importante. Ao derreter seu rosto abatido, você se sente dono de si mesmo, de suas próprias emoções. É impressionante o efeito que esse simples exercício pode despertar em sua vida.

3º – Identificar

Assim como no processo de decantação, agora você vai identificar as substâncias indesejadas dentro desse líquido — elas vão emergir para a superfície. Para identificar as impurezas que estão criando a imagem indesejada vista no espelho, faça novamente perguntas para o seu subconsciente responder:

"Por que estou me sentindo assim?"

"Quais sentimentos consigo identificar?"

Repare que, primeiro, vai identificar o que aconteceu fora de você e o deixou chateado. Por exemplo, alguém que tenha magoado você. Mas, em seguida, precisa ir mais fundo, porque o que realmente criou essa imagem não foi essa pessoa, e sim como você decidiu interpretar aquilo que aconteceu externamente. Neste estágio, você vai identificar os sentimentos que criaram a sensação e a imagem no espelho.

Assim, à medida que for detectando suas impurezas (raiva, tristeza, decepção...), imagine que elas estão subindo para a superfície como um líquido de coloração escura. A parte inferior ficará cristalina, representando a purificação do seu eu. Como se fosse um líquido bifásico, você verá separadamente aquilo que é puro do impuro, o desejado do indesejado.

Dentro deste terceiro estágio, há ainda uma segunda parte: descobrir o pensamento que deu origem a esses sentimentos.

Afinal, eles não aparecem do nada. Todo sentimento nasce de um pensamento. Então pergunte-se:

"De onde veio esse sentimento?"

"Raiva, de onde você veio?"

"Tristeza, por que está aqui?"

Entre em ponto zero o máximo que puder — ou seja, em estado de silêncio, livre de pensamentos — e espere o seu subconsciente lhe dar a resposta.

Certa vez, eu vinha me sentindo muito triste e decidi fazer esse exercício. Então perguntei: "Tristeza, por que você está aqui? O que veio me ensinar?". Nitidamente, ouvi meu subconsciente responder: "Eu não sou a tristeza, sou o cansaço. Você só está cansada". Foi aí que percebi que estava confundindo tristeza com cansaço, já que naquela semana eu estava trabalhando demais, gravando muitos vídeos, fazendo *lives*, digitando bastante... E ainda por cima estava grávida. A partir daí, soube o que precisava fazer: descansar, desacelerar.

Todo sentimento é útil, ainda que seja a raiva, o ódio, a tristeza, a inveja. São mensageiros nos mostrando pontos que precisam de luz. Eles vêm nos dizer que tem sujeira escondida debaixo do nosso tapete, algum quartinho escuro precisando ser aberto e faxinado. E não fique decepcionado consigo mesmo por isso. O importante é saber lidar com eles e não deixar que dominem você.

4º – Questionar

Questione a veracidade de seu pensamento. Ele tem sua base no passado, presente ou futuro? Por exemplo, quando se perguntar sobre a origem do sentimento (raiva, de onde você vem?), provavelmente aparecerá na sua mente a imagem da pessoa ou situação que causou essa raiva. E então você vai ver que não foi a pessoa ou o acontecimento o que lhe incomodou, e sim como você pensou sobre isso. O pensamento que você teve sobre alguém ou algo é que provocou a raiva. Quer outro exemplo? O pensamento que você tem sobre as contas a pagar faz com que você fique preocupado.

E, afinal, o seu pensamento está no passado, presente ou futuro? Provavelmente, é algo do passado, mas que você continua perpetuando até hoje. É comum isso: muitas pessoas vivem alimentando pensamentos que têm a base na infância, em dez anos atrás, no ontem... Ou seja, algo que só existe no passado permanece reverberando no momento presente. Porém, há pensamentos que são baseados no futuro: "Será que eu vou ter dinheiro para pagar esses boletos?". Não chegou nem a data do vencimento e você já está se descabelando, perdendo suas noites de sono. Só que toda essa preocupação não está acontecendo agora. Sua base é no futuro.

Então, se algo está no passado ou no futuro, existe no hoje? Não! Ou já existiu ou ainda, talvez, vá existir. Só há o agora! Por isso, questione a veracidade: esse pensamento não existe, porque ele é algo do passado ou do futuro. No momento presente, não tem base alguma.

5º – Separar

Separe o que é do verdadeiro e do falso eu. Temos dois eus: o falso é o ego, o personagem que estamos vivendo temporariamente aqui; e o verdadeiro é a nossa essência, o ator, o Eu Superior — a Centelha Divina, como prefiro chamar. Para você entender melhor, pense no ator Jim Carrey, que já interpretou inúmeros personagens. Existe o Jim Carrey e existe, por exemplo, o Máscara. E quem é o eu verdadeiro neste caso? O ator. O outro é um personagem fictício. Jim Carrey, na vida real, não tem os mesmos problemas do Máscara, que só acontecem na ilusão.

Então, nós vivemos exatamente assim no jogo da vida. O personagem é quem você vê no espelho. Ele é apenas um reflexo temporário, uma ilusão, uma aparência de verdade. Já o seu verdadeiro eu é o seu eu espiritual, a sua mente infinita. Dentro dessa perspectiva, você acha que o seu verdadeiro eu teria os seus pensamentos de agora? Ele tem medo de não ter dinheiro para pagar as contas? Ele tem mágoa do pai, da mãe ou de alguém que lhe tenha feito mal na infância? Ele não tem nada disso. Porque tudo isso faz parte, apenas, da peça de teatro que é a vida. O personagem que você vê no espelho é que tem esses problemas.

Faça, portanto, essa separação do que é do personagem e do que é do seu Eu Superior. Se deixar o seu ego — o personagem — tomar conta de você, a sua vida vai ser repleta de dissabores, desventuras, desespero. Neste caso, sua mente se deixa dominar pelo que está fora de você (a opinião dos outros, por exemplo), sem saber que é muito mais poderosa. Entendeu? Mais uma vez, no seu líquido bifásico, coloque o que é do personagem na parte escura, e o que for do Eu Superior vai se unir ao líquido transparente. E volte às perguntas:

"Como o meu Eu Superior se sente sobre isso?"

"O meu Eu Verdadeiro tem esses pensamentos?"

"O meu Eu Verdadeiro se ressente do passado ou se preocupa com o futuro?"

Com certeza, não. A partir dessa separação, mentalmente olhe para o seu líquido bifásico e diga para a parte escura: "Esse pensamento não é meu, é do/da _____ (complete com o seu nome). Quem eu sou de verdade não pensa assim".

6º – Escolher

Depois que você identificar e separar o que é do verdadeiro eu e o que é do falso eu, decida! E faça uma escolha consciente pelo seu verdadeiro eu. Visualize-se retirando e jogando fora a parte mais escura do líquido, ficando apenas com a parte clara, que representa o seu verdadeiro eu. Imagine o líquido escuro saindo, se dissipando, virando uma energia que vai encontrar o seu caminho em outro lugar. Você está se purificando!

Visualize, então, que ficou somente com aquilo que é do seu eu verdadeiro, com o líquido transparente, puro... Você eliminou tudo o que é do personagem. Quando escolhemos ficar com a mágoa, com o ressentimento, estamos optando pelo líquido escuro que está poluindo e criando o resultado que não queremos. E, ao nos mantermos presos ao falso eu (o personagem), optamos também por acreditar na ilusão, e não na verdade.

7º – Consolidar

Agora que restou apenas o líquido puro e cristalino do seu eu verdadeiro, visualize esse líquido vindo até seu rosto e assumindo novamente uma forma. Remodele as suas feições e assuma um novo aspecto, livre das impurezas do falso eu, do ego.

Abra os olhos e veja a sua imagem novamente no espelho. Como está se sentindo agora? Certamente, se tiver feito o exercício direitinho, melhor. Com esta prática, você vai mudar de um estado indesejado para outro desejado. Imagine, por exemplo, que no início dos sete estágios a sua imagem no espelho não estava nada agradável (cansada, abatida). E de repente, ao final, você vai enxergar beleza onde não via. Assim sairá da frente do espelho bem-disposto para tomar novas atitudes, porque agora elas serão movidas pelo seu verdadeiro eu. Parabéns: você conquistou a transformação do metal em ouro!

Faça este exercício sempre e não tenha medo dos sentimentos negativos. Não condene a si mesmo por senti-los. Lembre-se de que eles surgem como mensageiros para dizer que precisamos jogar a luz da consciência sobre algo. Eles são como a febre, que vem dizer ao corpo que ele precisa de cuidados. E se você achou esses sete passos muito longos, saiba que é impressão. Depois que pegar a prática, vai passar a fazer todos os estágios automaticamente.

Os elementos alquímicos

Nas aulas de química, somos apresentados àquela tabela periódica imensa contendo vários elementos, como chumbo, hélio, cobalto etc. Mas, na alquimia mental, nós também temos a nossa tabela, formada por elementos alquímicos — físicos e não físicos — que estão por toda a parte. Conheça quais são eles:

Objetos – O verdadeiro alquimista sabe que os objetos são formados por átomos e, por conta disso, têm consciência de si mesmos. Na verdade, são consciências vibrando em frequências altíssimas — se você colocar um pedacinho de uma mesa ao microscópio, vai ver como as suas partículas dançam. O átomo nunca para de vibrar. Então, você pode falar com os objetos. Eu tenho depoimentos de várias pessoas que falaram com a máquina de lavar, com todo o carinho, e ela voltou a funcionar. Falaram com o carro, com todo o carinho, e ele voltou a andar. Falaram com a casa, com todo o carinho, e conseguiram vendê-la. Além disso, os amuletos existem justamente porque os alquimistas sabem que podem programá-los para dar sorte.

Quer fazer um exercício? Da próxima vez em que for abrir um pote em sua cozinha e a tampa estiver muito presa, faça um Ho´oponopono para as partículas e moléculas dessa tampa — vale lembrar que essa técnica de cura e limpeza energética consiste na repetição das frases "sinto muito, me perdoe, te amo, sou grato". Eu já fiz isso e deu certo. Todo mundo lá em casa tentando, eu fui lá e abri! E aí as pessoas perguntaram como eu tinha conseguido. Eu simplesmente respondi: "Ah, eu sou alquimista".

Nosso corpo – Ele é formado por vários elementos e, da mesma forma com que você fala com os objetos, também pode conversar com o seu corpo. E ouça-o bem, porque ele fala, já que é uma consciência. "O que você quer comer hoje, corpo?" Pode perguntar e esperar a resposta! Uma dor, por exemplo, pode estar tentando mostrar algo, como a necessidade de descanso ou a energia estagnada por conta de determinada emoção.

Como disse a autora Louise Hay, quando você fala com as suas células, você é Deus falando com elas. E elas irão bater continência! O que você, alquimista, ordenar para o seu corpo, ele fará. Estudando alquimia mental, já encontrei casos de pessoas que conseguiram fazer os seios aumentarem e criar covinhas nas bochechas. É claro que, na física clássica, vão dizer que isso não é real. Mas é. Tem gente que, usando da determinação e imaginação, e falando com seu corpo, consegue causar alterações físicas sim. De qualquer forma, comece procurando tratar seu veículo corpóreo com amor, respeito e carinho. Isso já vai ser o suficiente para receber de volta tudo de bom.

Natureza – Este elemento se refere à natureza em geral, inclusive animais. Dentro de uma escala de expansão da consciência, até as amebas têm alguma consciência. Plantas e animais também contam com o seu nível, ao passo que — no plano físico — os

A maioria das pessoas vive no piloto-automático, mas se você quiser mesmo se tornar o alquimista da sua própria vida, deverá viver mais conscientemente e menos automaticamente. **O verdadeiro alquimista domina a própria mente ao invés de ser dominado por ela.** E, se você quiser se autodominar para obter os resultados desejados em sua vida, precisará estar consciente dos seus atos, pensamentos, sentimentos e emoções. Só assim conseguirá mudar do indesejado para o desejado.

@temporariamentehumana

homens estariam no topo dessa escala. Então, podemos fazer alquimias com a natureza. Um dos exemplos mais conhecidos é conversar com as plantas, e elas respondem com toda a sua beleza e vitalidade.

Quando eu morava nos Estados Unidos, uma amiga me provou isso. Lá, na época da primavera, as flores ficam lindas na frente das casas. E, um dia, quando fui visitá-la, reparei no belo jardim que havia na entrada, com destaque para várias roseiras lindas, de cores variadas. Todas as rosas estavam perfeitas e com aparência saudável. Exceto uma, que parecia estar doente e murcha. Elogiei as flores de minha amiga, mas perguntei qual era o problema daquela única roseira. Ela respondeu que não gostava dela, porque achava a cor feia, parecendo rosas de defunto.

No meu apartamento, decidi fazer um teste. Coloquei uma palmeira num vaso e ficava impondo as mãos sobre ela, emanando energias de amor e gratidão. Um dia, ao passar ao lado do vaso quando estava indo de um cômodo a outro, senti algo me chamando. E aí eu percebi um *download* de informação da planta, me dizendo: "Eu quero beber água". Sério! Então me dei conta de que fazia três dias que não a regava... Depois que coloquei a água, continuei conversando com a planta e ouvi novamente: "Eu quero luz do sol". Assim, a posicionei mais perto da janela. E por que esses fenômenos acontecem comigo? Porque eu já estou aberta para isso. Agora, se você acha que esse negócio de conversar com as plantas é coisa de maluco, talvez nem devesse estar lendo esse livro.

Certa vez, ganhei um buquê de flores do meu marido e resolvi, deliberadamente, testar o impacto que a emanação da minha energia teria sobre elas. Escolhi uma e nela amarrei um laço de fita para identificá-la entre as outras. Todo dia, quando eu ia trocar a água do vaso, conversava, cheirava e beijava apenas a flor com a fita. Falava o quanto ela era linda e o quanto eu gostava dela. E ignorava as outras flores. Após quatro dias, todas estavam murchas, com exceção da flor com a fita que recebia diariamente a minha emanação de energia positiva.

Pensamentos – Eles também produzem energia e são ondas de informação que existem por toda a parte. Todo pensamento que já foi emanado jamais deixará de existir. Como um balão de gás hélio, que em apenas 17 segundos já começa a flutuar pelo cosmo e, uma hora, vai parar em algum lugar. Sabe-se lá na cabeça de quem irá cair. E quando isso acontece? Quando ele encontra uma pessoa que esteja numa vibração parecida, alimentando, por exemplo, pensamentos de amor, alegria, tristeza. É por isso que surgem ideias parecidas em diferentes partes do mundo.

O mago, por sua vez, sabe acessar os arquivos de ideias. Como ele reconhece que todos os pensamentos estão pairando por aí, basta solicitar mentalmente alguma ideia. Para isso, ele vai meditar, acalmar a sua mente, para então acessar os arquivos. E as ideias surgirão. Existem pessoas que chegam num nível tão alto da alquimia mental que conseguem ler os pensamentos dos outros. Enquanto você não chega a tanto, comece emanando pensamentos de alegria, amor e criatividade, e peça que mais pensamentos semelhantes retornem.

Sentimentos – Quando você sente algo, emana vibrações. E aquilo que você joga para o Universo volta para você. Uma vez que entenda isso, se preocupará mais com o que sente. Imagine que se desentendeu com alguém. Se essa pessoa lhe mandar vibrações de ódio, quem vai colher o ódio é ela. Mas se você emanar amor para ela, isso será muito mais forte. É claro que não precisa ficar se esforçando para amar aquela pessoa que chateou você, mas, se pelo menos orar por ela, já se protege — e o Universo não tem como lhe enviar ódio.

O problema é que a maioria das pessoas não entende que os nossos sentimentos são alquímicos. E assim se deixam controlar por fatores externos (pessoas, notícias, circunstâncias), que fazem com que elas gerem um sentimento alquímico que irá criar suas realidades. O mago, entendendo isso, se blinda. Ele não reprime seus sentimentos, mas os controla. Sabe que, no momento em que sente algo, essa vibração emana uma energia que vai voltar para ele de alguma forma, criando o seu universo. Mas aí surge o elemento seguinte, que nos ajuda a controlar os nossos pensamentos e sentimentos.

Imaginação – É o poder principal de um alquimista. O mago sabe que a imaginação vê o que os olhos não enxergam. É uma espécie de terceiro olho. Mas ela não é ilusória, como muita gente pensa, e sim real em outro plano, em nosso estado alterado de consciência. Porém, o que nos ensinam? Que não passa de coisa da nossa cabeça!

Com a imaginação, você acessa todos os outros elementos alquímicos. É com ela que poderá falar com os objetos, com o seu corpo e com a natureza. E será imaginando que conseguirá dominar seus pensamentos e sentimentos. Na imaginação, você é o Todo-Poderoso. E o mago sabe disso. Ao imaginar, você adquire superpoderes para transformar a sua realidade física. Afinal, tudo é criado primeiro lá em cima, no não físico, e depois desce para cá — e isso você vai aprender bastante ao longo deste livro.

Palavras – Elas podem ser usadas verbalmente durante as suas visualizações, como se você estivesse dizendo decretos. Mas atenção: a palavra sozinha não tem validade. Ela tem que estar acompanhada de sentimento. Além disso, de acordo com a filosofia oriental, quando falamos, uma parte de nosso *chi* (energia vital) sai junto das palavras. Então, será que vale a pena gastar a sua energia com palavras negativas? Elas estarão carregadas do seu *chi*. E saiba que toda essa energia desperdiçada não desaparece. Ela é redirecionada para outro lugar e pode voltar para você. Sempre volta, não é mesmo? Por isso, cuide para que, como diz o provérbio oriental, suas palavras sejam melhores do que o seu silêncio.

Ação – Ela também é vazia, se não for conduzida pelos sentimentos. Por isso que muitas vezes a pessoa corre, corre, trabalha, trabalha, mas não vê nada acontecer. Um exemplo é quando deseja emagrecer. Você malha, muda a alimentação e nada de o peso baixar. Mas experimente aliar esses dois elementos alquímicos: imaginação e corpo. Além da dieta e dos exercícios, visualize seu corpo no peso ideal, com saúde plena. E aproveite para conversar com ele também.

Vamos trabalhar a imaginação?

Aponte a câmera do seu celular para o seguinte QR Code, para que eu te conduza por uma visualização criativa que irá exercitar o seu poder de imaginar.

PARTE 2

Mente: o laboratório do alquimista

Como será que o alquimista pensa? Você se considera capaz de criar a sua realidade utilizando a mente ou acha que é um privilégio de poucos? Iniciado querido, não se subestime! Você tem os mesmos superpoderes do que qualquer pessoa que decide se tornar alquimista de sua vida, só precisa fazer ajustes na sua forma de pensar e lidar com suas emoções. Nesta parte, vou revelar a você o que se passa na mente de um verdadeiro mago e como ele consegue criar a sua realidade. Conhecendo esses segredos, você também será capaz de fazer o mesmo.

Antes, porém, precisa saber de algo muito importante para que possa dominar a alquimia mental: a energia é o combustível do Universo. Tudo, absolutamente tudo no Universo é movido graças a ela. Mas a Fonte Criadora não nos mandaria energia apenas para que pudéssemos ligar nosso computador ou esquentar a comida no micro-ondas. A energia está em nosso corpo, em cada um de nossos órgãos e até em nossos pensamentos, como já falei na parte anterior. Tudo é energia. E tudo necessita dela. Se você não entender isso, não vai conseguir compreender nenhuma das sete leis herméticas.

Coloque uma verdade em sua cabeça: você é uma usina de energia, e, ao direcioná-la para algum foco, cria a sua realidade. Deve, portanto, aprender a manipular essa energia por meio de seus pensamentos e emoções. Quando a nossa ficha cai de que não apenas somos feitos de energia, mas que também precisamos dela, começamos a entender tudo, até como ganhar dinheiro — afinal, moedas correntes também vibram, e nós vamos falar bastante sobre isso na Parte 4, quando estudaremos as Leis Universais aplicadas à prosperidade.

Mas, afinal, de onde vem a nossa energia? Tudo o que se move na Terra, neste mundo de matéria, vem da fonte invisível. A energia que está iluminando a sua casa para você ler este livro vem do Vácuo Quântico, que é como a física quântica chama a Fonte Criadora, Deus. A minha energia que agora está me fazendo escrever, raciocinar, escolher este conteúdo; falar e andar também vem dessa fonte invisível. Mesmo assim, ela precisa ser recarregada.

Para você entender melhor, vamos pensar em um celular. Dentro dele há uma bateria, que armazena energia para que ele possa funcionar. Só que, de tempos em tempos, a energia dessa bateria é drenada porque eu utilizo o aparelho. Nesse momento, basta eu colocá-lo na tomada para que mais energia venha da corrente elétrica. E essa corrente vem de onde? Da Fonte Criadora, da natureza. Nós somos como um celular. Temos a nossa energia, que vem da nossa Centelha Divina. É ela que nos mantém vivos. Quando nos desconectamos da nossa Centelha, nos desalinhamos da fonte de energia. E há diversas formas de você se aproximar dela, como meditar, contemplar e rezar. Para se aprofundar neste tema, leia e pratique os exercícios de meu primeiro livro, *Centelha Divina*.

Nosso corpo, contudo, tem outras maneiras de recarregar suas energias. E você, alquimista, precisa muito colocá-las em prática, para que possa estar sempre com seus estoques energéticos em alta. Veja quais são elas:

Sono – Quando você dorme, é como se estivesse colocando o celular na tomada para carregar. Nesse momento, seu ego e sua identidade desaparecem, e a sua Centelha Divina aproveita para energizar você. Pode ser a pior pessoa do Universo, mas, ao dormir, será recarregada. Não é à toa que as vítimas de insônia costumam ficar muito mal de saúde. Afinal, uma boa noite de sono nos faz acordar revigorados. É mais do que simplesmente pensar: "Ah, dormir faz bem para a minha pele". É algo espiritual: dormir é conexão direta com a nossa Centelha. É por isso que os Abraham — coletividade de consciências que canaliza mensagens para a médium Esther Hicks — dizem: "Está chateado, desesperado ou com alguma sensação negativa que não consegue dominar? Tire um cochilo". Ao relaxarmos e dormirmos um pouco, colocamos as nossas emoções no lugar, porque nos conectamos.

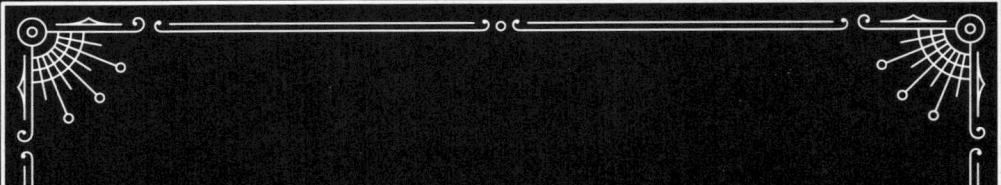

Da próxima vez em que tudo estiver desmoronando ao seu redor, simplesmente sente-se, respire e diga: "Eu escolho, deliberadamente, criar a minha realidade. Eu escolho os meus pensamentos com cuidado". Em seguida, comece a visualizar, visualizar e visualizar aquilo que deseja que aconteça em sua vida. Ao acabar, abra os olhos e vá viver o seu dia.

@temporariamentehumana

Alimentação – Alimento é energia. Tanto é que as pessoas que não comem definham. Mas o tipo de alimentação também afeta: tem comidas que trazem mais energia e outras, menos — algumas chegam, até mesmo, a drenar a nossa energia. Por exemplo, frutas, verduras e legumes oferecem muito mais energia porque vêm direto da natureza, ao contrário dos alimentos industrializados, que fornecem baixos níveis energéticos. Então, da próxima vez que olhar para o seu prato de comida, pense em termos de energia.

Meditação – Ao meditar, você se conecta de forma intencional com a sua Centelha Divina. E no momento em que estiver lá, com a mente quieta, pode ter certeza de que virá para você uma verdadeira corrente elétrica diretamente de seu Eu Superior, energizando todo o seu corpo. Nesse caso, a sua conexão será ainda mais poderosa do que quando vai dormir, porque você tem a intenção deliberada de se conectar.

Bem-estar – A sua Centelha Divina só deseja ver você feliz! E saiba que o bem-estar é o estado natural dela. Então, quando você não estiver se sentindo bem, estará desalinhado de seu Eu

Superior. Para voltar à conexão, precisa buscar por atividades que lhe agradem: caminhar, relaxar, tirar um cochilo, comer algo que esteja desejando, abraçar alguém. Como se vê, são atitudes simples. Mas pense também em, de vez em quando, se presentear com uma massagem. Enfim, tudo o que proporcione bem-estar e que seja saudável vai promover essa conexão com a sua Centelha.

Exercícios físicos – Sim, eles também conectam você ao seu Eu Superior, desde que lhe causem prazer e bem-estar. Se for aquela atividade física que você vai contrariado, pode esquecer. Tem que ser algo que faça você feliz. Ioga, pilates, caminhada ou algo mais forte, como treinos de *crossfit*. Escolha algo de que goste. E, ao contrário do que muita gente pensa, fazer exercícios não drena a nossa energia porque voltamos para casa cansados. Já está comprovado cientificamente que eles nos fornecem gás total para enfrentarmos o dia.

Viu só? São muitas fontes positivas e simples para você se recarregar. E, se possível, procure ficar longe de tudo o que consome a sua energia, como certas pessoas, situações e lugares.

Às vezes, até um filme que faz você se sentir mal drena a sua energia. Por isso, tome muito cuidado com o que anda fazendo. Lembre-se: você é como um celular, que precisa se recarregar de boas energias!

A diferença entre mente e consciência

Agora que você já compreendeu a importância da energia para o alquimista, vamos começar a vasculhar como é a sua mente. Afinal, ela é a pedra filosofal que irá fazer a magia de transmutar situações indesejadas em desejadas. Só que, antes de mais nada, é preciso entender que existe uma grande diferença entre mente e consciência.

O ego é fruto da nossa mente. A mente é um pequeno aspecto da consciência responsável pela criação das formas. É ela quem recebe a luz da nossa essência e, por meio dela, as formas são criadas. A mente é apenas um instrumento que devemos usar para criar o que queremos. Porém, quando esquecemos nossa verdadeira identidade como consciência invisível e infinita, ficamos presos na mente e nos identificamos com o ego, que é o senso de um eu pequeno e separado da totalidade. É por isso que a mente é a que julga e se identifica só com o corpo físico, sendo muito mais conectada com o mundo material. Já a consciência é a nossa própria lembrança, é a reconexão com a nossa origem. Ela nos traz autorresponsabilidade. Quanto mais conscientes somos, melhor é a nossa vida, porque assim estamos mais conectados com a Fonte, com a nossa Centelha Divina.

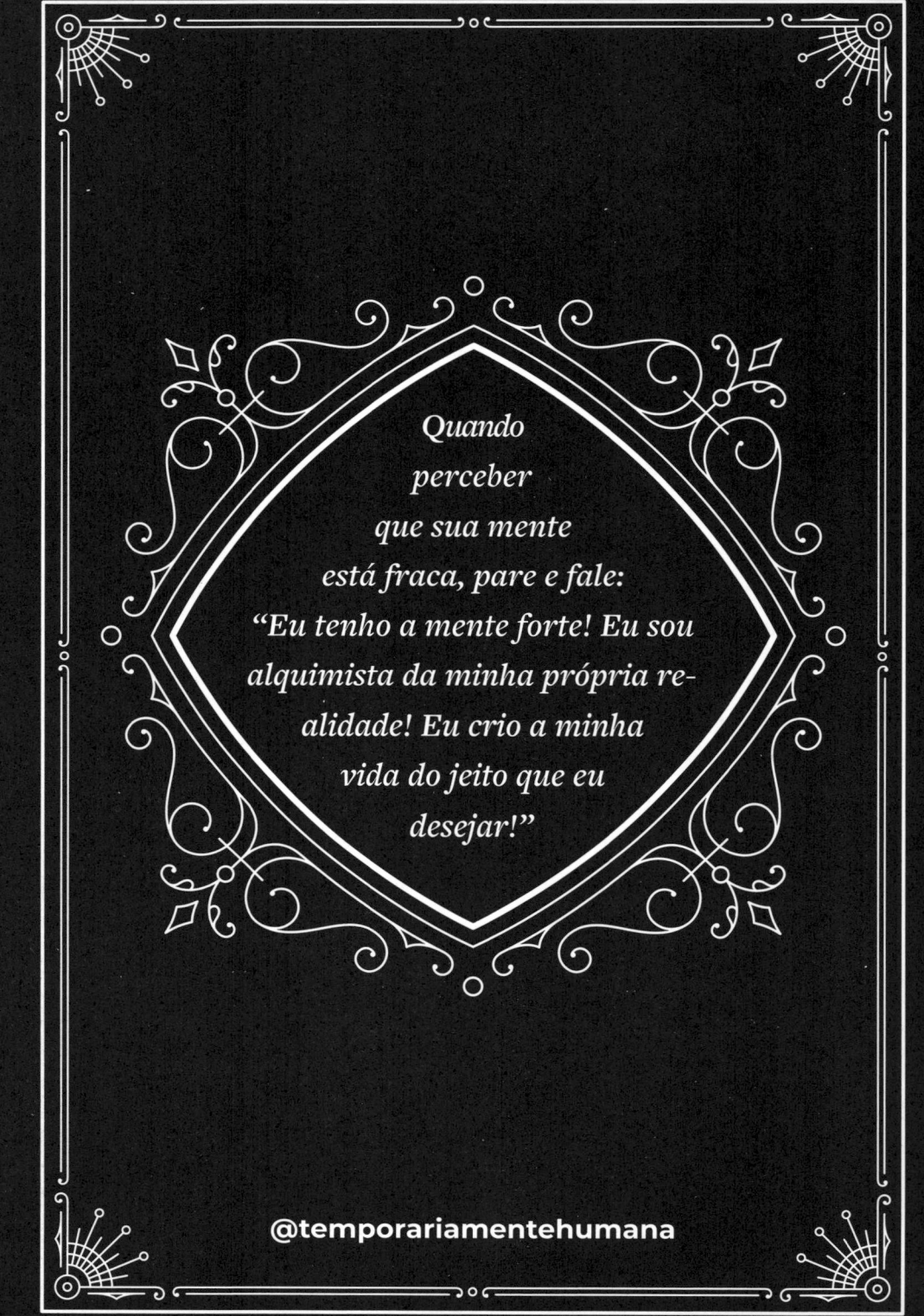

Quando perceber que sua mente está fraca, pare e fale: "Eu tenho a mente forte! Eu sou alquimista da minha própria realidade! Eu crio a minha vida do jeito que eu desejar!"

@temporariamentehumana

Então, a consciência é o oposto da mente. A mente só sabe que existe. A consciência vê e entende, com clareza, por que existe. Assim, uma consciência expandida tem uma mente domada, obediente. E uma pessoa com a mente muito barulhenta é totalmente dominada por estímulos externos. É como dizem os Abraham: "Quem deixa você com raiva o domina". Já quem tem a consciência expandida controla o que vem de fora: é ele quem decide, conscientemente, os pensamentos que terá diante das situações e, a partir dessa escolha, sabe que alcançará os resultados que deseja. Assim é o alquimista. O mundo pode estar caindo ao redor dele, mas ele vai dizer calmamente: "Eu escolho mudar a minha realidade". E ele não faz isso na força, e sim alimentando pensamentos.

A verdadeira paz é a que excede todo o entendimento. Muita gente pergunta, ao ver alguém sereno: "Como você pode estar com essa calma em meio a tantos problemas que estão acontecendo?". Isso ocorre porque as pessoas que têm domínio próprio são mal interpretadas. Os outros acham que elas não têm sentimento, que não se importam... Mas não é nada disso. É apenas equilíbrio. Ficar desesperado, com medo ou revolta, não vai mudar a situação. O que muda a situação, o mundo físico, é você mudar o seu interior, o seu mundo mental.

Seguindo esse raciocínio, da próxima vez em que a sua despensa estiver vazia, alguém em sua casa ficar doente ou tudo parecer estar desmoronando ao seu redor, simplesmente sente-se, respire e diga: "Eu escolho, deliberadamente, criar a minha realidade. Eu escolho os meus pensamentos com cuidado".

Em seguida, comece a visualizar, visualizar e visualizar aquilo que deseja que aconteça em sua vida. Ao acabar, abra os olhos e vá viver o seu dia. Pode demorar um pouquinho para que a sua realidade física entre em congruência com a sua realidade mental — com a verdade da sua consciência —, mas é certo que uma hora isso vai acontecer, porque a realidade física é sujeita à realidade da consciência. É a mente quem cria os resultados: a casa em que você mora, as pessoas com quem convive, o emprego em que trabalha... Só que, até este momento, talvez você não tenha se dado conta de que o seu nível de consciência também é responsável por isso.

Agora me responda: vai deixar os fatores externos criarem a realidade para você? Ou vai dizer: "Não, eu tenho a minha realidade. No meu mundo, existe paz e amor!". Se cada pessoa tivesse essa responsabilidade, essa consciência, o mundo seria diferente. O problema é que as grandes massas são dominadas pelos estímulos externos.

Quando algo ruim acontece na sua vida, como você escolhe agir? Procure tomar qualquer atitude usando a mente do alquimista, que é livre de ego e tem a consciência expandida: o primeiro passo é parar, entrar em estado de ponto zero e somente depois de alguns segundos agir, falar, reagir. Melhor ainda se puder fazer uma pausa um pouco maior, como tirar um cochilo antes de partir para uma decisão.

Então, iniciado, entenda que os seus padrões de pensamento provavelmente não são mais baseados no que seus pais, sua cultura e sua religião ensinaram para você. A partir de agora, você escolhe os seus padrões intencionalmente, porque sabe que o seu nível de consciência vai criar a sua realidade. Lembrando: quanto mais consciente for, melhor será a sua vida. A verdade é que todos os dias somos bombardeados por milhares de estímulos externos. Mas o verdadeiro alquimista se blinda. E, como você está se tornando um deles, não aceite o que vem de fora e escolha os seus próprios pensamentos.

Sei que, falando assim, parece fácil transmutar os estímulos externos. Mas o próprio *Caibalion* explica que existem pessoas com mente fraca, e para elas é muito mais desafiador. Quer descobrir se você é uma delas?

Será que a sua mente é fraca?

Durante muito tempo, a minha mente foi fraca. É sério! Eu sempre fui campeã em deixar a vontade e a opinião dos outros serem mais fortes do que as minhas. Por exemplo, como cresci na igreja, eu colocava todas as decisões da minha vida nas mãos da pastora. Ou então nas de alguma amiga que eu achasse que fosse mais sábia do que eu. Se eu ia viajar de férias, se eu ia mudar de cidade. Para tudo eu dependia da opinião dos outros. Era aquela pessoa que sempre dizia: "Não sei, decidam vocês". Quem vive assim, tem um grau de liberdade baixíssimo.

Hoje, quando eu preciso de uma resposta, sabe para onde eu corro? Para dentro de mim, para a minha Centelha Divina, para a minha pedra filosofal. Eu me libertei 100% dessa dependência da vontade e opinião dos outros. E posso dizer que foi uma das mudanças mais difíceis para mim. Mas, hoje, tenho total confiança no meu Eu Superior para saber que fiz a escolha certa. Ser dominado por quem nos rodeia é apenas um exemplo de característica comum às pessoas com mente fraca. Mas tem outras, que vou listar a seguir. Tente identificá-las em você mesmo, e não no outro. E se encontrar algum comportamento que costuma ter, não é motivo de desespero. Apenas fique atento para onde precisa mudar para fortalecer a sua mente.

Assim, pessoas de mente fraca costumam:

◊ Ser dominadas pela hereditariedade. "Ah, eu tenho esse peso porque todo mundo na minha família é gordinho." Ou seja, tem até o desejo de emagrecer, mas já jogou a toalha porque se justifica com a hereditariedade. Outros exemplos são "Eu nasci pobre, vou ser sempre assim" e "Continuo nesta cidade porque meus pais sempre moraram aqui".

◊ Manifestar pouca liberdade. Elas têm medo de fazer coisas novas. Até querem, mas ficam pensando no que é que os outros vão falar.

◊ Ser guiadas pelas opiniões, pelos costumes e pelas ideias do mundo exterior. Por exemplo, seguem piamente o que é falado na mídia ou algo que existe em sua cultura, sem reclamar. Isso quase aconteceu comigo... A minha família é do Amapá, e lá existe o costume de, após o casamento, o casal ir morar na casa de um dos pais (isso vem da época dos índios, em que os povos da região viviam em malocas, que são aquelas espécies de cabanas comunitárias). É então construído um puxadinho, um quarto a mais, e todos ficam ali juntos e misturados. Todo mundo sabe da intimidade um do outro. Isso é muito comum na minha família, mas eu quis quebrar essa história. Não queria levar a minha vida de casada assim. E consegui.

◊ Não manifestar domínio próprio algum. Ou são dominadas por pessoas, condições e circunstâncias fora delas (as causalidades externas) ou por suas próprias emoções (causalidades internas). É tipo: "Ai, não aguentei e dei um tapa na cara dele!".

Não dominam a raiva, não têm paciência, vivem brigando com todo mundo e, quando veem, perderam o emprego ou o amigo. Ou então veem algum acontecimento triste na TV e aquilo acaba com o dia delas. Mas, como você já sabe, não é nada bom ser dominado pelas fontes externas, muito menos pelas próprias emoções. O domínio próprio é a chave da liberdade.

◈ Ser arrastadas à obediência ao meio, às influências exteriores. Vivem como folhas secas ao sabor do vento, indo na direção em que são empurradas. Por exemplo, se a economia do país vai bem, elas estão bem. Se vai mal, também ficam mal.

◈ Ter vontade pessoal fraca. Podem até ter o desejo de fazer alguma mudança na vida, como trocar de emprego. Mas têm medo porque "a economia do país não anda boa e tem muita gente desempregada por aí". Ou seja, as questões externas abafam a vontade delas.

E então, a carapuça serviu? O importante agora é você meditar em cima dessas características para ver o que é preciso mudar. E, acima de tudo, procure se policiar: quando perceber que está tendo uma das características da mente fraca, pare e fale: "Não, eu tenho a mente forte! Eu sou alquimista da minha própria realidade! Eu crio a minha vida do jeito que eu desejar!". É exatamente isso: o alquimista tem uma mente difícil de ser dobrada, como você vai ver a seguir.

A mente do alquimista

Esta é a mente que você quer ter. Caso contrário, não teria comprado este livro... Só que isso não acontece num passe de mágica. É uma arte a ser aplicada dentro de um processo de autoconhecimento e autorreflexão. Então, veja quais são as características da mente forte do alquimista:

◈ Ele conhece as regras do jogo da vida, porque tem o conhecimento das leis que governam o Universo.

◈ Eleva-se acima do plano da vida material, estreitando a relação com as mais elevadas forças do plano superior. Além disso, sabe que, para dominar as circunstâncias que lhe acontecem no plano inferior (na matéria), precisa dominar primeiro no plano superior, que é o plano da causa (você vai entender melhor isso na Parte 3, quando estudarmos a Lei da Correspondência.)

◈ Domina suas próprias condições, características, qualidades e polaridade. Em relação às condições, quem tem mente forte não diz, por exemplo: "Ah, eu queria tanto visitar você aí, mas não tenho dinheiro". Quando eu morava nos Estados Unidos, ouvia muito isso. A pessoa mata o sonho antes mesmo de ele nascer. Já o alquimista fala assim: "Quero viajar para tal lugar, mas não tenho dinheiro agora. O que posso fazer para levantar o valor para realizar esse desejo?". Ou seja, ele não se deixa vencer

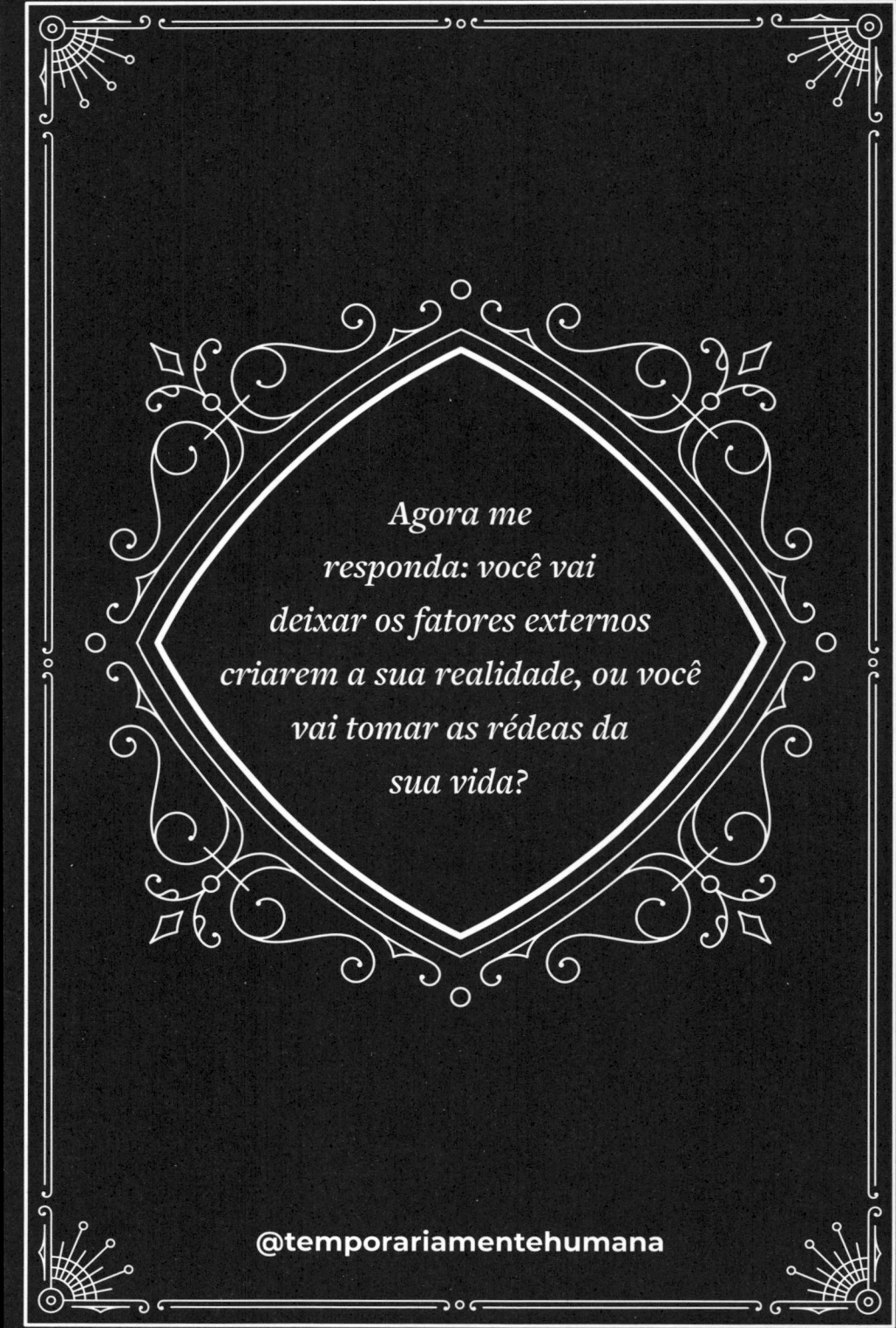

Agora me responda: você vai deixar os fatores externos criarem a sua realidade, ou você vai tomar as rédeas da sua vida?

@temporariamentehumana

pelas condições; cria as dele. Quanto às características, pense numa pessoa que não costuma finalizar as tarefas que começa a fazer. Mas isso a incomoda. Então, usando a mente forte, ela vai procurar mudar isso. O mesmo diz respeito às qualidades: "Ah, eu não sou como você, eu não gosto de ler". Em lugar disso, o alquimista vai afirmar para si próprio: "Eu quero ter a personalidade de uma pessoa que gosta de ler". E, aos poucos, ele com certeza vai trazer os livros para a vida dele.

◊ Domina o meio em que vive. Se não está gostando de onde se encontra, o que pode fazer para sair dali ou mudar nele o que pode alterar a situação? Por exemplo, se não está gostando de bagunça, ele desenvolve em si a característica de ser uma pessoa mais organizada.

◊ Ele assume, conscientemente, que é a causa dos efeitos que acontecem em sua vida. É o motor do seu próprio movimento, e não uma peça de jogo de xadrez sendo movida por forças externas.

O que achou? Dá para chegar lá? É claro que sim. O importante é você entender que os alquimistas — pessoas de mente forte — são servos no plano superior e governantes no plano material. Ou seja, eles têm governo no mundo material sobre aquilo que querem manifestar. Mas sabem que é no mundo superior que vão precisar servir, trabalhar, para que o efeito desça para o mundo físico.

Os elementos alquímicos da atividade mental

Agora que você já entendeu que, se ainda não tem a mente forte, está a caminho disso — afinal, é um iniciado! —, está na hora de aprender mais alguns detalhes que deverá equilibrar para se tornar um alquimista da sua própria vida. São os chamados elementos alquímicos da atividade mental:

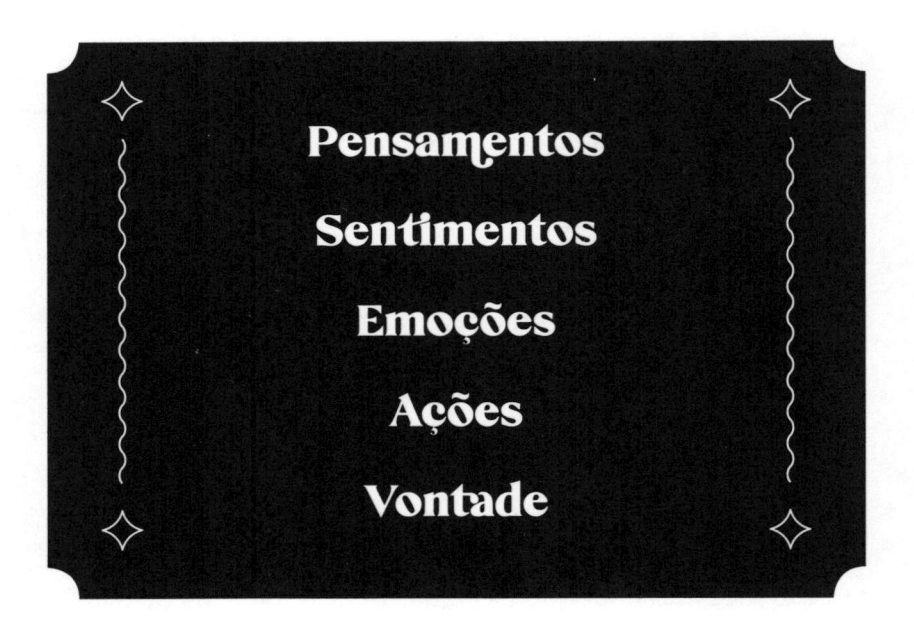

> **Pensamentos**
> **Sentimentos**
> **Emoções**
> **Ações**
> **Vontade**

Na maioria das pessoas, esses elementos estão totalmente desequilibrados — elas são dominadas por eles, em vez de dominá-los. Mas quem é que cria os pensamentos, os sentimentos e as emoções? Você mesmo. Porém, quando não temos a consciência disso, nos tornamos submissos à nossa própria criação, que nos domina. Nós damos vida a pensamentos, sentimentos e emoções que se transformam em monstros. É a criatura dominando o criador. E a pessoa que não tem controle sobre o que pensa e sente também perde as rédeas de suas próprias ações. Passa a agir por impulso, com base nas suas emoções.

O pior de tudo é que, muitas vezes, você nem percebe quando está criando um padrão de pensamento que depois vai se voltar contra você e lhe dominar. Mas, de repente, aquele estado mental fica tão grande, tão forte, que o resultado é: "Eu não queria fazer isso, mas fiz" ou "Eu não queria ter falado, mas falei".

Só que a mente do alquimista tem um elemento fundamental, que é a vontade forte — maior do que a de qualquer outra mente no plano físico. Ela é a pedra filosofal que transforma em ouro todos os outros elementos alquímicos da atividade mental, deixando-os em equilíbrio. É com a vontade forte, dominante, que o alquimista consegue transmutar um pensamento negativo em positivo. Na pessoa de mente fraca, como não poderia deixar de ser, a vontade também é fraca. Ela se deixa dominar pela sua própria criação — não é ela quem domina os seus estados mentais.

Mas saiba que, com a vontade forte, é possível driblar qualquer fator externo. Para o alquimista, não existe: "Ah, se eu tivesse nascido em outro país, tudo seria diferente", "Ah, eu não consigo manifestar os meus desejos porque moro numa casa cheia de gente tóxica" ou "Ah, não consigo ser positiva porque o meu marido está sempre me puxando para baixo". Quando há vontade, ela derruba tudo! E você, vai deixar que os fatos externos o impeçam de realizar os seus sonhos?

Pare de focar nas outras pessoas. Se você esperar que tudo a sua volta esteja perfeito para se tornar o dono de sua vida, então nunca vai mudar. Não espere que o marido, a esposa, a mãe, o patrão mudem. Você corre o risco de aguardar a vida inteira! Foque no seu autoconhecimento, no seu desenvolvimento, e deixe as pessoas serem negativas se elas quiserem. Mesmo que morem na mesma casa que você! Quando eu comecei a estudar esse conteúdo do *Caibalion*, tinha que fazer tudo escondido do meu marido. Mas, uma vez, eu estava tomando banho e coloquei o meu celular para tocar alto uma palestra. Quando saí do banheiro, ele me falou assim: "Você não vai virar ateia, né? Nem agnóstica!". Respondi, toda sem graça: "Não, não... Isso aqui é só uma programação neurolinguística". Nós crescemos dentro de uma família cristã, evangélica, em que tudo o que hoje ensino não é bem-visto. Então, é claro que meu marido não acreditava. Ele tinha medo.

Eu, por minha vez, sempre buscava ser positiva. E aí vinha ele: "Ah, amor, este mês está tão difícil...", e começava a falar um monte de negatividades. Sabe o que eu fazia? Não o forçava a mudar. Simplesmente transmutava. Imaginava que ele era um holograma, um vulto de fumaça, uma lembrança do meu passado, e ficava repetindo mentalmente: "Isso não é real. É só uma ilusão. Está tudo bem. Eu escolho a abundância". Esta era a minha estratégia. Crie as suas!

Sabe o que aconteceu? Ele foi vendo a minha transformação, os resultados que fui alcançando, o quanto melhorei: eu não era mais aquela pessoa briguenta, desesperada, e meu canal no YouTube — que eu tinha criado escondida dele — estava começando a crescer. Resultado convence! Então, pare de ficar querendo pregar para o outro. Vai perder tempo e se estressar. Não espere que alguém mude para querer mudar. Como já mencionei, alquimia mental não é para modificar o outro, e sim a si mesmo. Você vai transformar a sua mente e a sua vida. E quando tudo começar a dar certo no seu dia a dia, quando a sua luz finalmente brilhar, aí as pessoas vão se alinhar com você.

Enfim, esta é a mente do alquimista. O laboratório onde ele cria, conscientemente, tudo aquilo que deseja ver manifestado em sua vida. Magos são indivíduos orientados multidimensionalmente — ao passo que a maioria das pessoas se mantém fisicamente orientada, estando presa apenas aos cinco sentidos conhecidos. Elas só acreditam naquilo que podem ver, ouvir, sentir, tocar ou falar. Mas o verdadeiro alquimista vai mais longe, usando seus sentidos internos — o chamado sexto sentido — para acessar outras realidades além do que há no plano físico. E como ele faz isso? Imaginando, visualizando, acreditando, repetindo as palavras, sentindo, vivendo na mente como se fosse real. É algo que está além do sentido físico. Porém, se encontra totalmente acessível a você, iniciado.

Só que, para você começar a colocar em uso o seu poder de alquimista, precisa antes conhecer as regras do jogo do Universo. E elas estão expressas nas sete leis herméticas. Vire a página, então, para mergulhar na filosofia deixada por Hermes Trismegistus. Você vai ver que tudo vai começar a fazer sentido.

Pare de focar nas outras pessoas. Se você esperar que tudo a sua volta esteja perfeito para se tornar o dono de sua vida, então nunca vai mudar. Não espere que o marido, a esposa, a mãe, o patrão mudem. Você corre o risco de aguardar a vida inteira! Foque no seu autoconhecimento, no seu desenvolvimento, e deixe as pessoas serem o que quiserem.

@temporariamentehumana

PARTE 3

As Leis Universais e o funcionamento da realidade

Agora, iniciado, chegou o momento mais importante para o seu aprendizado: compreender, finalmente, como tudo funciona! Nesta parte, vou apresentar para você as leis que governam o Universo, transmitidas oralmente por Hermes Trismegistus há cerca de 5 mil anos e sintetizadas pelos Três Iniciados, no início do século XX, no *Caibalion*. O meu papel, neste momento, é esmiuçar ainda mais as verdades contidas nas sete leis herméticas, para que você perceba como elas estão presentes em cada detalhe de nossas vidas. Não há acaso. Tudo responde a essas leis.

Mas, em termos práticos, por que é tão importante aprender essa lição? É porque, uma vez que você adquira todo esse conhecimento, poderá exigir do Universo que cumpra o seu desejo, já que está obedecendo às leis. É igual ao nosso sistema judiciário. Você chega diante do juiz com a Constituição e fala: "Este aqui é meu direito, está escrito". Ele apenas responderá: "É mesmo...". É por isso que eu gosto de ensinar o *Caibalion* na prática. Se você compreender os sete princípios herméticos, saberá como utilizá-los a seu favor para transmutar a sua realidade.

Mas, afinal, quem criou essas leis? O Todo, é claro. E, sabiamente, fez com que as sete fossem interligadas. Uma é diferente da outra, mas são tão conectadas e dependentes, que chegam a se parecer. Não tem como entender uma, sem conhecer as outras. É por isso que muitas pessoas têm dificuldade com a Lei da Atração. Querem enxergá-la apenas como parte integrante da sexta lei hermética, de Causa e Efeito, sem levar em conta as outras leis. Isso deixa falho o entendimento.

E sabe quem tira bastante proveito dessas verdades universais? O alquimista! Brilhantemente, ele usa as leis a seu favor para criar a sua realidade — e só pode fazer isso quem conhece bem como tudo funciona, não é mesmo? Então, se você entender como trabalhar a sua mente e como respeitar as leis do Universo, vai se beneficiar bastante.

É incrível: quando você se torna o dominador dessas leis, começa a identificá-las nas situações à sua volta. Por isso é dito no *Caibalion* que, ao longo dos séculos, os mestres hermetistas viam o circo pegar fogo na nação, mas apenas ficavam olhando para tudo aquilo com um leve sorriso de misericórdia no rosto, como se dissessem: "Se eles soubessem...". O conhecimento das leis muda os estados indesejados para o desejado. É a pedra filosofal. Pena que poucos saibam disso...

Você, porém, já está pronto para receber tanta sabedoria. E, nesta parte, vai ser apresentado da Lei do Mentalismo à Lei do Gênero. Ao final, encerraremos com chave de ouro: vou ensinar a técnica da transmutação mental, que é a forma prática de você lidar com as leis herméticas em sua vida. Aqui, portanto, vou passar para você a essência do *Caibalion*. Compreendendo esses princípios e sabendo como utilizá-los, conseguirá transmutar a sua realidade. Vamos às leis?

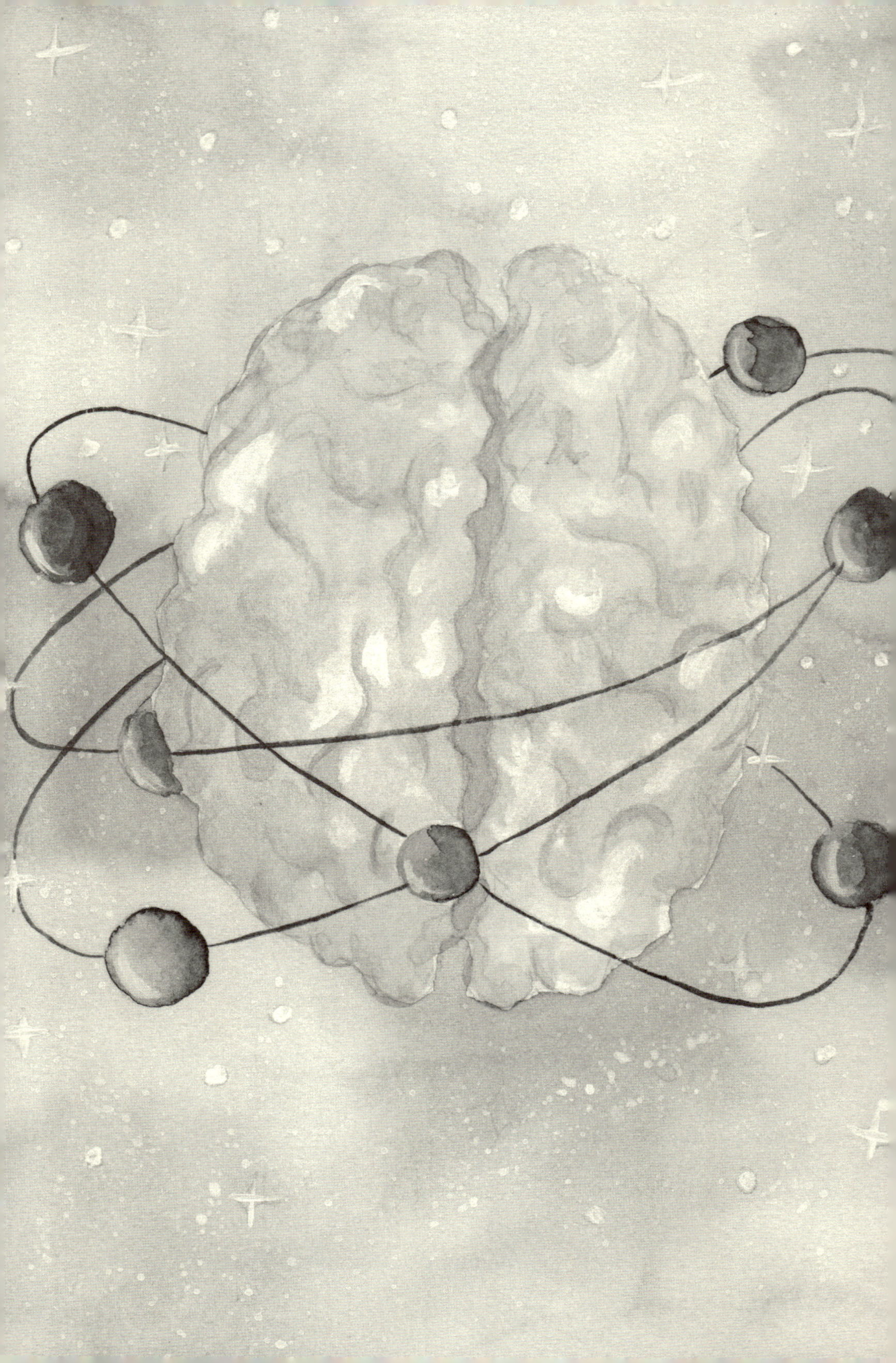

Lei do Mentalismo

A Lei do Mentalismo é representada por um cérebro com planetas orbitando em volta dele. Isso simboliza o poder da mente infinita do Todo de criar incontáveis universos e realidades paralelas. Este cérebro se refere ao poder de criar a nossa realidade por meio da nossa mente. É com a nossa mente que criamos o nosso universo particular que chamamos de vida.

Entre as sete leis herméticas, eu considero esta primeira a mais profunda e complexa de ser compreendida. E ela também dá sentido a todas as outras leis. Se você não entender esta, não tem como entender as outras. Compreender a Lei do Mentalismo já é o suficiente para mudar toda a sua perspectiva de vida e todo o seu conceito sobre o que acredita que seja a realidade. É a lei que governa o Universo. Por isso é a primeira.

O axioma do Princípio do Mentalismo é:

"O Todo é mente; o Universo é mental."

Mas quem é o Todo? Não é um ser físico, mas sim uma substância amorfa (sem forma), uma consciência, uma energia. É a verdade substancial de tudo o que há, de tudo o que existe. É a fonte criadora, a consciência que criou planetas, universos... Tudo o que há existe e funciona dentro dessa consciência. A mente do Todo permeia, penetra e preenche os interespaços do

Universo. Não há lugar onde a mente do Todo não chegue. Não existe treva densa o suficiente para encobrir a visão do Todo. E nem luz forte o bastante para cegá-lo. Porque o Todo é a luz, é a consciência de tudo o que há.

Então, tudo acontece dentro da mente do Todo. É como quando você sonha e vê o cenário, pessoas, fatos... Tudo está ocorrendo em sua mente. E assim é a realidade: nós existimos dentro da mente do Todo, da mesma forma como as imagens mentais estão vivas dentro dos nossos sonhos. É como se o Todo meditasse, visualizasse e sonhasse com tudo o que há. O planeta Terra é um pontinho desse sonho, o nosso Universo é mais pontinho... Dentro da mente do Todo existem galáxias, vários universos e infinitas possibilidades em realidades paralelas, coexistindo harmonicamente em todos esses planos diferentes da realidade. Mas, seja aonde for, as leis daqui governam igualmente todos os lugares.

O Todo também pode ser comparado a um desses roteiristas e diretores de Hollywood, que criam filmes fantásticos. Quanta criatividade na mente de um homem! Se pessoas conseguem fazer filmes que emocionam, que mostram infinitas possibilidades numa tela de cinema, imagine o quanto mais pode fazer a mente infinita e ilimitada do Todo! Você acha que se o Steven Spielberg criou O *Parque dos Dinossauros* e tantos outros filmes incríveis, se a Marvel cria infinitas possibilidades com seus super-heróis, será que o Todo não vai ter a criatividade, o poder de fazer isso em seu pensamento? Existem realidades paralelas na mente do Todo que você não pode nem conceber, porque a nossa mente é limitada e pequena em comparação à mente do Todo, que é vasta e infinita.

E quanto ao Universo mencionado no axioma, o que seria? O Universo existe dentro da mente do Todo. É apenas mais um grão de areia entre todas as realidades que consegue criar. Tudo o que já foi descoberto sobre o nosso Universo, como os planetas do Sistema Solar, é só um pontinho na mente do Todo. Sei que, na física quântica, nos estudos da Lei da Atração, costumamos dizer "o Universo vai te dar", como se o Universo fosse o Todo. Mas é só um modo de falar, porque o Universo não é o Todo, e sim uma expressão do Todo. E tudo o que há nele é uma expressão física do não físico.

Somos todos um

Compreender tudo isso nos leva a outro conceito: o de que somos todos um! E por quê? Porque o Todo é tudo o que é, e tudo acontece na mente dele. A própria física quântica já descobriu o que chama de emaranhamento quântico, conceito que mostra que estamos todos ligados, entrelaçados. Pense num cérebro. Se você for estudá-lo, vai ver que dentro dele existem várias conexões ligando tudo. Assim é a mente do Todo: tudo está conectado. Então, se você existe, é porque está conectado ao Todo. E eu também estou conectada ao Todo e a você, mesmo que estejamos em continentes diferentes e nem sequer nos conheçamos. Mas o Todo sabe quem nós somos porque interpreta todos os papéis. Eu gosto de dizer que são muitos os personagens, mas somente um ator interpretando todos eles. E esse ator é o Todo, é o que chamamos Deus.

É na mente que tudo se cria.

@temporariamentehumana

Portanto, estamos todos conectados na mente do Todo. E isso se refere não apenas às pessoas, mas também aos objetos, a este livro que você segura agora, aos óculos que talvez esteja usando... Somos todos um porque o Todo é tudo o que há. O Todo é você vivendo uma experiência temporariamente humana, é você lendo este livro. Tudo se originou da mente do Todo. Nele nascemos, nele vivemos, nele existimos e nele morremos.

Mas será que, diante de tudo o que expliquei, podemos dizer "Eu sou Deus"? Sempre que eu falo essa frase, muitas pessoas não compreendem a sua profundidade. Isso porque não entendem que Deus é tudo o que há. Porém, existe um detalhe aí: você não é o Todo em si. O *Caibalion* explica muito bem isso, ao revelar que tudo no Universo é o Todo, mas em diferentes escalas de vibração. Uma planta é Deus, um cachorro é Deus, um ser humano é Deus, só que cada um vibrando em frequências diferentes. O Todo vibra numa frequência inimaginável, acelerada, alta.

Só que, para criar a matéria, o Todo precisa "involuir": ele diminui, se afunila, como se fosse o oceano inteiro se condensando para caber numa única gota. Ou seja, a matéria é o Todo, só que em escala vibracional diminuída, muito menor. Nós, seres humanos, somos energia condensada em baixíssima frequência. E, ao longo da nossa existência, vamos evoluindo. Quanto mais expandimos a consciência, mais subimos na escala vibracional e mais nos aproximamos da mente do Todo.

É por isso que nós não somos o Todo — o Todo em si, com toda a sua vibração e todo o seu potencial. Nós "somos" o Todo por termos o potencial criador. E quanto mais expandimos nossa consciência e elevamos nossa vibração, mais coisas podemos fazer e mais podemos acessar os universos que existem dentro da mente do Todo. Em O *Livro de Mirdad*, de Mikhail Naimy — outra obra iniciática que eu adoro —, isso é muito bem explicado: nós somos um micro Deus, involuído, que vai expandindo a consciência até se tornar macro Deus novamente e voltar para a forma original. Essa é a trajetória de todo ser humano: vir para cá, expandir a sua consciência e achar o caminho de volta para se unificar novamente com o Todo.

Então, quando eu falo "Eu sou Deus", estou querendo dizer: "Eu sou o poder latente de Deus dentro de mim". Não podemos esquecer que, como diz o *Caibalion*, somos imagens mentais criadas pelo Todo. Somos pessoas vivendo dentro do sonho do Todo, dentro da mente do todo. É como se Deus estivesse meditando e, em sua visualização, estivesse criando tudo o que existe e o que nós somos.

É por isso que a Lei do Mentalismo é muito profunda. Ela exige que você entenda: tudo o que pensa que é material existe apenas como uma ilusão no sonho do Todo, e parece real a nós porque estamos nos identificando somente com o mundo material. Mas tudo o que há, tudo o que existe, está na consciência do Todo. Então, olhe a sua volta e veja tudo como sendo um sonho na mente de Deus, do Cosmos, da consciência que permeia tudo e que dá origem a tudo. E, por sua vez, olhe também para o que acontece em sua vida, porque tudo isso, igualmente, começou como imagens em sua mente.

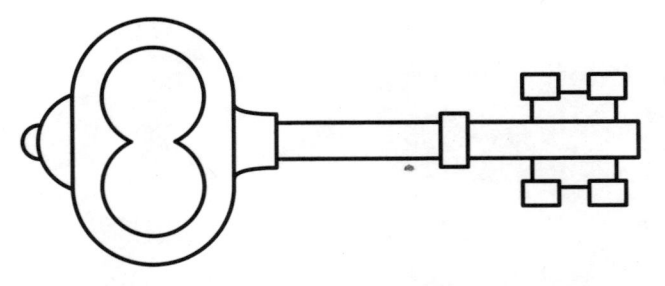

A natureza mental do Universo

De acordo com o *Caibalion*, "aquele que compreende a verdade da natureza mental do Universo está bem avançado no caminho do domínio". Portanto, compreender que o Universo não é material, mas sim mental, é a chave-mestra que abre para o alquimista todas as portas. E esta chave-mestra é a sua própria mente. O Todo, a Fonte Criadora, está criando tudo o que existe dentro de sua Mente Infinita. E nós também estamos criando o nosso universo particular por meio da nossa mente.

Ela é o poder que nos conecta à realidade. Tudo o que existe no mundo em forma de matéria foi criado primeiro na mente. Então, se você deseja vivenciar ou possuir algo na matéria, deve primeiramente compreender que só poderá ter ou fazer qualquer coisa na vida se dominar a sua própria mente. É na mente que tudo se cria. Mais uma vez, o *Caibalion* nos elucida: "Se o Universo é mental, a mente será o poder mais elevado que produz os seus fenômenos". Assim, a nossa mente é o poder mais elevado de criação da realidade. Você já parou para refletir sobre isso? É uma responsabilidade tão grande e tão libertadora saber que o cajado do mago está em nossas mãos, ou melhor, em nossas mentes. Então, comece a criar agora mesmo usando o seu poder mental.

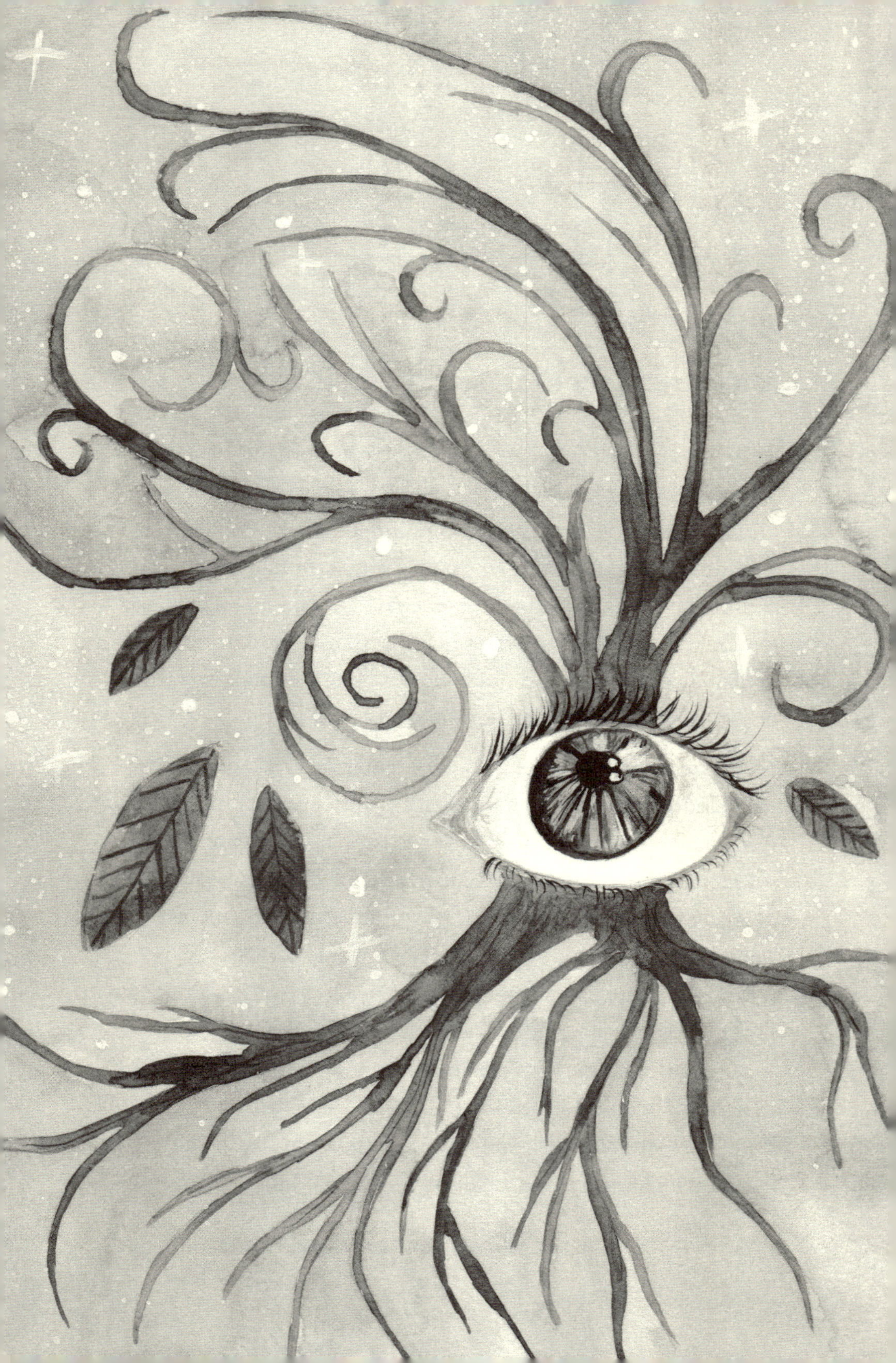

Lei da Correspondência

Esta lei é ilustrada por uma árvore com as raízes expostas, simbolizando que aquilo que está no invisível cria o que está no visível. Mostra também que tudo o que é visto na matéria tem um correspondente no mundo invisível.

Esta segunda grande lei hermética traz um dos axiomas mais conhecidos dentro do hermetismo, que diz:

"O que está em cima é como o que está embaixo, e o que está embaixo é como o que está em cima."

Mais ou menos a mesma afirmação foi feita por Jesus: "Em verdade vos digo, tudo o que ligardes na terra será ligado no céu, e tudo o que desligardes na terra será desligado no céu".

O Princípio da Correspondência, portanto, baseia-se no fato de que existem três grandes planos da realidade:

O primeiro é o Plano Espiritual ou Plano Superior

O mais elevado de todos. É onde tudo passa a existir primeiro, em forma de energia, embora esteja invisível sob a perspectiva dos nossos olhos físicos. Porém, podemos sentir a existência do que há no plano superior.

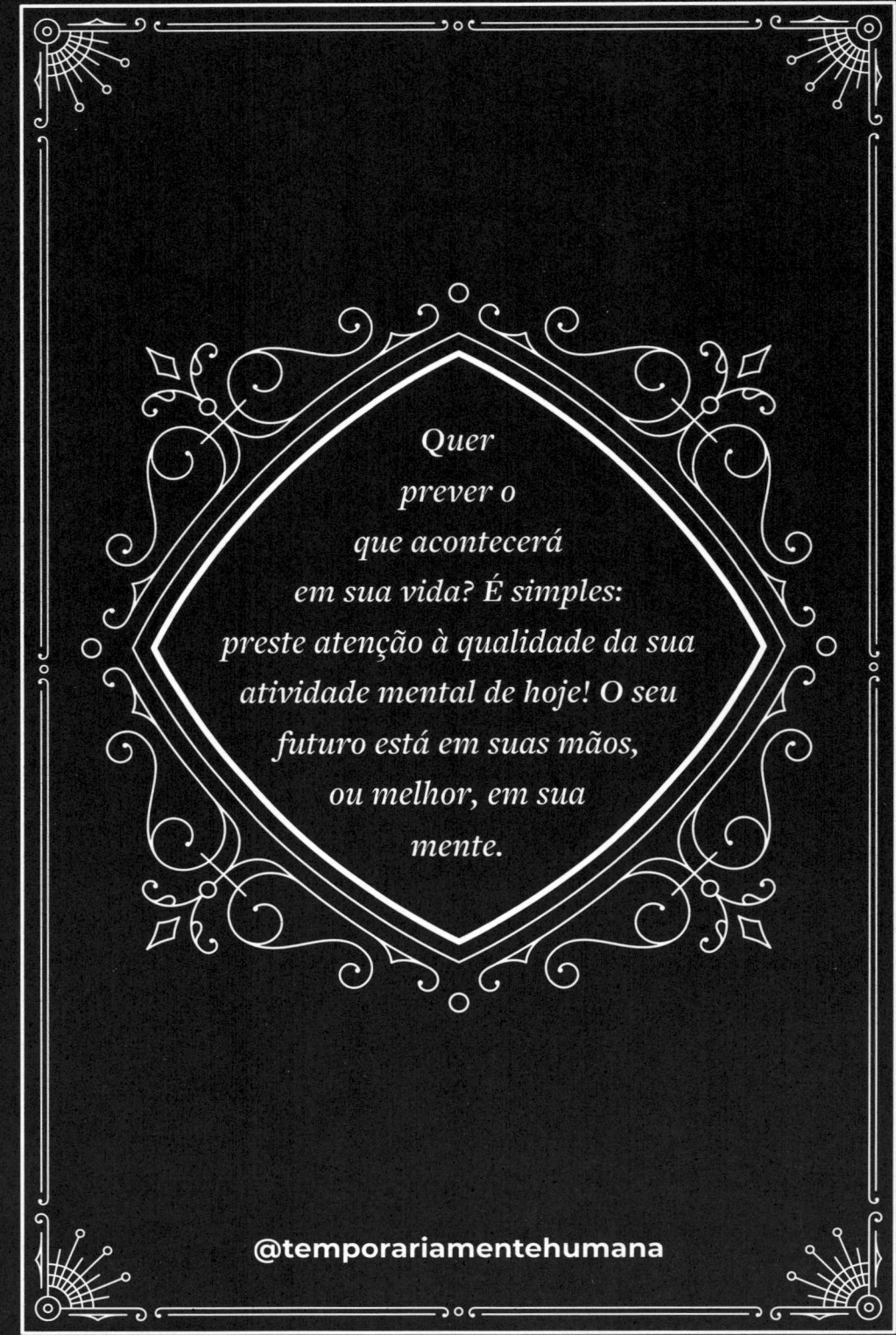

Quer prever o que acontecerá em sua vida? É simples: preste atenção à qualidade da sua atividade mental de hoje! O seu futuro está em suas mãos, ou melhor, em sua mente.

@temporariamentehumana

O segundo é o Plano Mental

É um plano intermediário entre os planos superior e inferior. É por meio deste plano que podemos acessar o plano superior e, assim, criar mentalmente a versão energética/espiritual de tudo aquilo que desejamos trazer para a matéria.

O terceiro é o Plano Físico (Material) ou Plano Inferior

É o plano em que nossos corpos físicos se movem e existem. Ele é apenas o reflexo, o resultado da interação entre os planos mental e espiritual. Matéria não se cria de matéria; é resultado da interação entre a mente e o espírito. Eu gosto de olhar para tudo o que vejo agora no mundo material como sendo passado. Ou seja, tudo o que já está manifestado na matéria é passado, é reflexo daquilo que foi criado na mente há algum tempo. Por isso, se o que está acontecendo na sua realidade hoje não o agradar, apenas reconheça que é passado, é resultado do que criou em algum momento atrás na sua mente. E se quiser mudar a sua realidade material, apenas deve ir ao seu mundo mental criar, hoje, o que deseja ver realizado no futuro. Quer prever o que acontecerá em sua vida? É simples: preste atenção à qualidade da sua atividade mental de hoje! O seu futuro está em suas mãos, ou melhor, em sua mente.

Abaixo de cada um desses grandes planos, ainda existem sete subplanos; e abaixo desses sete, mais sete. Isso mostra que são infinitas as possibilidades da mente do Todo. Então, a realidade não é só isso que nós vemos. Vai muito além... Para Platão, o plano superior é o "mundo das ideias". Já o autor Neville Goddard o chama de "mundo da imaginação".

Para que você entenda melhor esses planos, é preciso saber que existe uma escala de vibração: quanto mais afastado do Todo, da consciência da Fonte Criadora, menor a frequência vibracional. Sendo assim, no plano espiritual (que é onde está o Todo), a vibração é muito mais elevada do que no plano da matéria, onde vivemos.

O plano superior, que é invisível para nós, é o plano da causa. Já o inferior, que é visível, é o plano do efeito. Ou seja, são os planos espiritual e mental que determinam o que acontece no plano físico. A vida na matéria é apenas o resultado, o resíduo do que acontece, do que é determinado nos planos superiores. O plano físico não cria nada! Ele é apenas o reflexo dos mundos mais elevados.

O problema é que a maioria das pessoas não sabe que existe o plano superior e que é lá que o visível nasce. Acreditam unicamente na matéria, achando que não há nada além disso. E então elas fazem o quê? Tentam modificar sua realidade mudando o efeito (o que é material), e não a causa que está lá no mundo invisível, ou seja, na mente delas. Só que vale repetir: a realidade não é criada no mundo físico.

Muita gente não vê mudanças positivas na vida, porque só quer atuar no plano material. Ficam falando: "Eu trabalho, trabalho, trabalho e não prospero" ou "Eu vivo procurando um amor, mas não acho". Isso acontece porque não trabalham no plano da causa, que é o invisível. Mas como acessar o plano superior para modificar isso? Através do plano mental! Vai ser por meio da sua mente que você irá criar a realidade que deseja. A sua imaginação é a ponte que vai fazer a ligação entre o mundo inferior e o superior.

Porém, muitas pessoas acham que isso é loucura, coisa de magia ou bruxaria. Afinal, o que se diz popularmente sobre a imaginação? Que é coisa da nossa cabeça! Mas você precisa admitir isso: o mundo não físico é tão real quanto o físico. Escreva essa frase num papel e cole no espelho do seu banheiro para você ler todos os dias. Só assim vai parar de fazer comentários do tipo: "Ah, que bobagem, é só imaginação". Ao agir dessa forma, você perde todo o seu poder de manifestador, de cocriador da realidade. É como se pegasse o pincel e a paleta de cores que lhe dariam o poder de pintar o quadro da vida que deseja e jogasse fora. Assim, você despreza a única coisa que cria a matéria: a sua imaginação.

Tudo o que existe no plano material teve que passar obrigatoriamente pela imaginação de alguém. Se não é imaginado, não é realizado. Ou você imagina, ou não realiza. As crianças sabem disso. Só que, quando vão crescendo, ficam ouvindo: "Para com isso... Para de ficar no mundo da imaginação...". É por isso que as pessoas não conseguem manifestar o que desejam: acham que aquilo que elas têm na mente não vale nada, é desprezível.

Então, quando você compreende que está nesse plano físico, mas é capaz de acessar o plano mental pela sua imaginação, para de ir na onda daqueles que dizem que viver imaginando coisas não leva a nada. E quando entende que a mente cria, você passa a procurar ter pensamentos e ideias compatíveis à realidade que deseja criar.

Mas não basta só isso...

Fazer essa conexão com o plano das ideias já vai ser um pouco melhor do que ficar só na ação, como aqueles que acreditam apenas na matéria. Mas saiba que, se você confiar somente na sua capacidade mental, também corre o risco de não ter resultados bons. E como agir então? Você precisa entender que tem que ter inspiração! Tudo que parte da inspiração se transforma em ideia e depois em ação.

Para você ser inspirado, deve acessar o plano espiritual. O plano mental já ficou fácil para você: basta fechar os olhos, imaginar e pronto! Já acessou seu plano mental. Mas, para se conectar ao mundo espiritual, só tem uma coisa que precisa fazer: entrar em conexão com o seu Eu Superior. É ele quem vai dar a inspiração para que você trace uma ação bem-sucedida no plano físico.

E que tal você entender um pouco melhor o que é o Eu Superior? Em primeiro lugar, lembre-se de que tudo acontece dentro da consciência do Todo. O Eu Superior, então, é uma fagulha, uma parte do Todo dentro de cada alma. Ele é a nossa verdadeira identidade. Mas, para se conectar ao corpo físico para viver essa experiência temporariamente humana, projetou apenas uma pequena porção de sua consciência, que corresponde a aproximadamente 1% (seria o nosso eu inferior). Os 99% restantes ficam com o Eu Superior. Quando uma pessoa se identifica só com o corpo físico, ela tem apenas 1% de bateria para atuar nesta vida. E você sabe que um celular com 1% de bateria nem foto tira. O pior é que a maioria das pessoas vive assim, em desconexão com o Eu Maior, desprezando tudo o que vai além da matéria.

Em poucas palavras, posso dizer aqui que, para se conectar com seu Eu Superior, você precisa acalmar a sua mente e distanciá-la de tudo o que for do plano físico. A meditação, a contemplação, o controle das emoções e o domínio mental são maneiras de você chegar lá. Um pouco mais adiante, quando eu falar sobre a transmutação mental, você vai entender melhor como transmutar os seus estados vibracionais para acessar o seu Eu Superior.

Em resumo, compreenda que agir, antes de ser inspirado com ideias, é um esforço jogado pelo ralo. Você precisa primeiro ter a inspiração, e ela só vem de um lugar: do plano espiritual, do seu Eu Superior. É assim que funciona. E quando você se conecta ao seu Eu Superior, alinha os três planos que formam a sua realidade: o espiritual, o mental e o físico. É por isso que o nome de Hermes Trismegistus, o pai do hermetismo, significa "três vezes grande". Porque ele dominou a sabedoria dos três planos!

Então, como você pode usar o conhecimento desta segunda lei hermética no seu dia a dia? Lembrando-se de que não pode acreditar somente no poder da ação. Se você só agir, vai trabalhar como um condenado e o resultado não vai vir. Isso porque o plano físico sozinho não dá em nada, é apenas o reflexo do que inicia no plano superior. É o mesmo que você tentar mudar o que está vendo no espelho simplesmente trocando de espelho: a imagem continuará lá! Mude a imagem e você passará a ver algo diferente no espelho.

Saber disso me tornou uma cocriadora mais deliberada, mais consciente. Esse entendimento sobre os dois mundos facilita bastante o nosso processo de criação da realidade, porque compreendemos que tudo começa na ideia: o dinheiro, a saúde, o amor, os bons resultados. Então, você muda primeiro o que está em cima (transforma a sua mente e se alinha aos seres superiores do plano espiritual, que têm influência no plano físico) para depois ter o reflexo disso na nossa vida "aqui embaixo". Claro que existem outros aspectos que envolvem o processo de manifestação da nossa realidade física. Porém, esta segunda lei já elucida muito as coisas.

E para deixá-la ainda mais clara, vou dar um exemplo bem extremo. Pesquisadores da Universidade de Harvard fizeram um experimento num mosteiro do Tibet. Eles levaram alguns monges sem camisa para uma sala gelada, colocando sobre o corpo deles uma toalha molhada. Nessa situação, qualquer pessoa normal estaria tremendo de frio. Porém, os monges entraram num profundo estado meditativo, durante o qual, em suas mentes, ficaram imaginando que estavam numa praia sob um sol bem forte. Resultado: começou a sair fumaça das costas deles e as toalhas secaram!

Quando os monges acessaram o plano superior, o corpo físico deles teve que se curvar e começar a sentir calor. Afinal, é o mundo espiritual e o mundo mental que criam. Não tem alternativa! Então, se o seu mundo físico ainda não está como você deseja, é porque ainda não o fez se curvar diante do seu reino superior. Provavelmente, ainda está preso ao mundo físico como se fosse a sua realidade, desprezando a única causa que pode mudar os seus efeitos. Pense nisso...

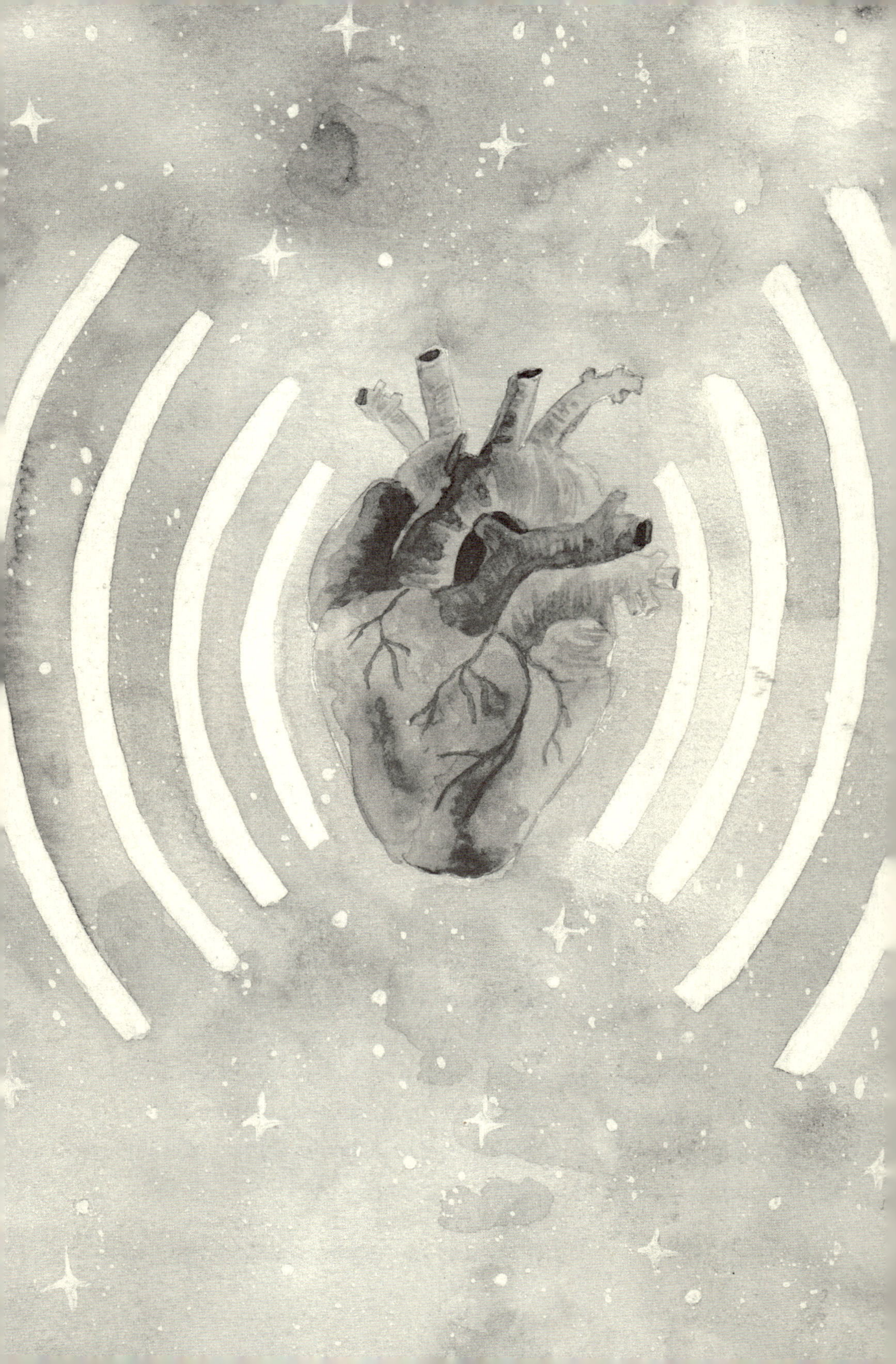

Lei da Vibração

A imagem que representa esta lei é um coração vibrando, emanando impulsos eletromagnéticos, como se fossem sinais de Wi-Fi. A vibração é a base da expressão da vida, e o coração é o símbolo da vida. Tudo o que tem vida vibra.

A terceira lei hermética parece simples de entender, mas, na verdade, é uma das mais científicas entre as sete. Seu axioma diz:

"*Nada está parado; tudo se move; tudo vibra.*"

Mas como tudo se move? Quando olhamos para um prédio, parece que ele está parado. Só que não está! Quanto mais você se aproximar dele, vai ver que todos os elementos que compõem aquele prédio (concreto, ferro, vidro...) estão vibrando em altíssima frequência. Átomos, moléculas e partículas estão lá, em constante movimento. O Universo abomina o parado, o que está em repouso! Na verdade, nada está em repouso, tudo está em diferentes graus de vibração.

Como já mencionei na lei anterior, os mais altos graus de vibração pertencem ao plano espiritual, onde a vibração é tão rápida, tão intensa, que parece estar parada. Já no plano material, há vibrações tão lentas, que também parecem estar paradas. Mas nada se encontra estático: ou está rápido demais ou lento demais.

Lembra daquela história de que água parada dá mosquito? É porque o Universo sempre arruma um jeito de encontrar utilidade para aquilo que parece estar parado. Experimente deixar o seu carro sem rodar por seis meses para você ver só! Minha sogra fez isso. Meu marido é quem dirigia para ela. Então, após o nosso casamento, o carro não saiu mais da garagem. Seis meses depois, quando ela decidiu dirigir, o carro estava com um cheiro horrível. Fungos e bactérias criaram aquele mofo! Ou seja: o Universo achou utilidade para aquele carro parado: ser moradia para micro-organismos. Assim como fez com a água parada, que virou nascedouro de mosquitos.

A verdade é que, segundo esta lei hermética, para que tudo se manifeste no plano físico é necessário que esteja vibrando em uma determinada frequência. É ela quem vai formar, digamos assim, a assinatura vibracional de um corpo ou objeto que se manifesta no plano físico. A matéria seria, então, energia vibrando em frequências diferentes. Energia condensada! Uma cadeira, por exemplo, vibra em determinada frequência. E eu não sou uma cadeira, porque vibro numa frequência diferente da dela. Mas tudo é a mesma energia, só que vibrando em escalas variadas.

O Todo é a frequência máxima

Para entender melhor tudo isso, você precisa primeiro compreender o processo de criação, na mente do Todo, de tudo o que há. O Todo está no topo dessa escala vibracional. Ele é a frequência máxima que existe. E é um espírito, mas não no termo religioso da palavra, e sim no sentido de ser onda (como diz a física quântica), de ser invisível e poder assumir a forma que desejar e estar onde quiser — e até em todos os lugares ao mesmo tempo.

Então, para criar tudo o que há aqui na Terra, o Todo precisou diminuir, afunilar, compactar a sua consciência, para conseguir reduzir a vibração até a frequência do planeta, que é baixíssima para os seres do plano espiritual. E assim foi criando moléculas, partículas e células, e esses pedacinhos se juntaram formando a natureza, os objetos, os humanos, tudo! A consciência do Todo precisou involuir para se transformar na forma mais grossa da matéria.

Assim, o reino invisível do plano físico (formado por bactérias e outros micro-organismos) comporta os seres com as vibrações mais baixas. Já no plano espiritual, existem seres com poderes inimagináveis, como super-heróis, que vibram em frequências altíssimas. Mas saiba que eles também começaram lá embaixo na escala vibracional, como uma simples molécula, e depois foram crescendo e se transformaram em seres humanos. E os seres humanos, por sua vez, vão continuar a evoluir, até que a vibração deles seja tão grande que não caiba mais no planeta Terra, fazendo com que sejam atraídos para outros planos da realidade. Ou seja: nós vamos para onde a nossa frequência vibracional nos levar! E milhares de anos vão passar, a consciência continuará se expandindo, até entrar em total fusão com o Todo.

Como se vê, à medida que as criações do Todo vão ampliando a sua consciência, elas elevam de vibração. Quanto maior a consciência, mais alta a vibração. Uma pessoa que já entende sobre o Todo e sobre como usar a mente para criar a sua realidade está vibrando em frequências mais elevadas do que quem se coloca na posição de vítima, achando que existe apenas o plano material.

Mas calma, porque todos nós vamos chegar lá! É como se refere O *Livro de Mirdad*, a respeito do destino do homem na Terra: "Entrará para a forja um homem e de lá sairá um Deus". Então, os seres que hoje estão no mais alto patamar da escala vibracional começaram como uma partícula igual a nós. Na verdade, até menor do que nós, como afirma o *Caibalion*. E, além disso, é natural tudo o que o Todo criou voltar para Ele. A minhoca vai voltar, nós vamos voltar. Tudo!

Entenda que o que nos diferencia do Todo é que estamos bem abaixo Dele na escala de vibrações. Mas nós somos o Todo compactado, vibrando em frequência mais baixa. E para ficarmos mais parecidos com Ele precisamos expandir a consciência. E quanto mais você expande sua consciência, mais coisas serão possíveis para você.

Esta terceira lei hermética vem nos lembrar, ainda, que nossa mente e nossos sentimentos também emanam vibrações. Cada pensamento e cada sentimento que você emitir vão produzir um resultado em sua vida. Pense no que domina a sua mente: medo, culpa, vergonha, raiva, inveja? Todos esses sentimentos são de baixíssima frequência e vão fazer com que você fique cada vez mais longe do Todo. Quanto mais negativo eles forem, pior será a sua vida, porque ela refletirá aquilo que você está emanando.

Simples assim. Já o hermetista compreende que, ao mudar o seu pensamento criando imagens mentais positivas, emanará a frequência capaz de manifestar coisas boas no seu mundo físico. É assim que funciona!

Quer uma última lição da Lei da Vibração? É que, se tudo foi criado pelo Todo para estar em movimento, você também não pode ficar parado! Portanto, não deixe nada em sua vida ficar estagnado, porque isso vai contra esta grande Lei Universal. Ficar parado, literalmente, não vai levar você a lugar algum!

A relação entre vibração e sentimentos

Os nossos sentimentos denunciam em que padrão vibracional estamos, assim como o nosso grau de vibração determina o que estamos atraindo para a nossa realidade. Nesse sentido, sentimentos e emoções são nossos termômetros vibracionais, mostrando em que ponto da escala vibracional nos encontramos. Saber disso é muito importante, porque a nossa vibração determina a nossa criação. Tudo possui uma posição na escala das vibrações, tudo está vibrando em uma determinada frequência. Portanto, eu, como alquimista da minha própria vida, devo ter consciência da minha posição na escala das vibrações e escolher deliberadamente em que frequência quero vibrar.

Nós temos a liberdade e o direito de nos mover para onde quisermos nessa escala. Fazemos isso determinando o nosso foco de atenção e ajustando a nossa vibração para entrar em sintonia com a frequência daquilo que desejamos cocriar. E como nossos sentimentos denunciam a nossa verdadeira vibração, daí você vê a importância de fazermos uma autoanálise sincera para conhecer o que estamos sentindo. Algumas pessoas me dizem que fazem de tudo para manifestar seus desejos, estudam Lei da Atração e fazem técnicas de cocriação, mas não conseguem realizar o que desejam. Já houve até quem me dissesse que manifestou o contrário do que intencionou.

Porém, entenda: nunca é a lei que falha, nem a técnica que erra. A questão está sempre na vibração da pessoa na hora da prática. Não adianta falar, mentalizar, escrever palavras de gratidão e fazer simpatias, se você não sentir de verdade o que está realizando. É por isso que Neville Goddard afirma que o sentimento é o segredo, porque ele nunca mente sobre como estamos vibrando. Mais importante do que a ação é a sua vibração.

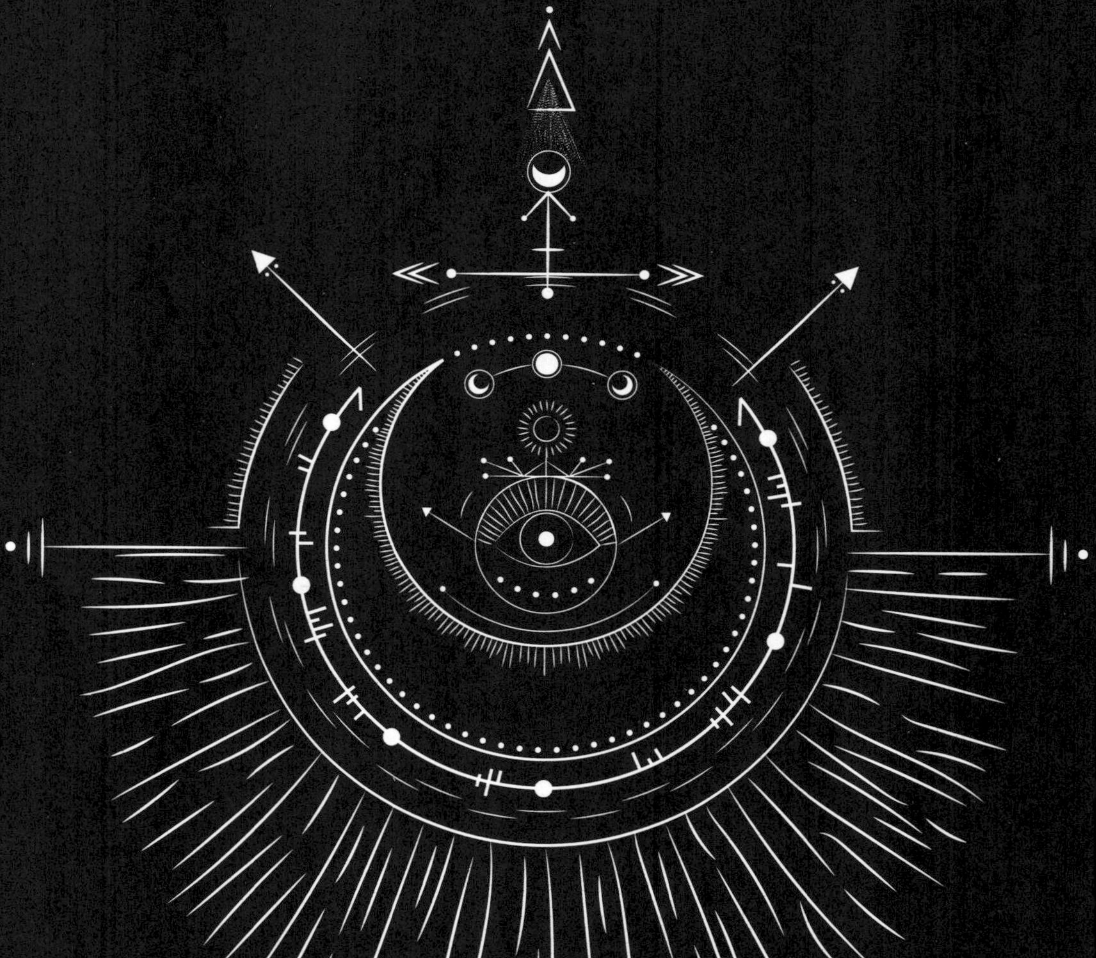

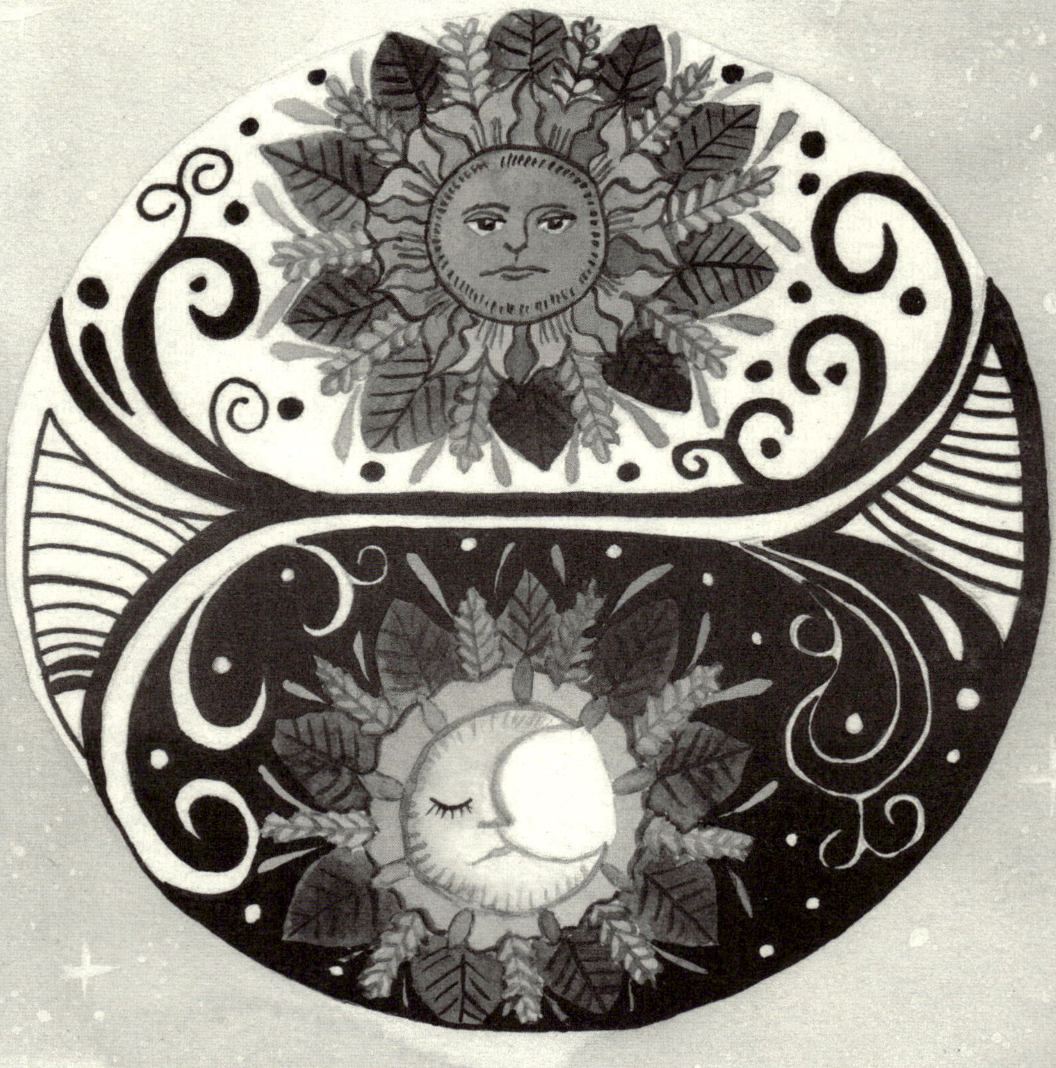

Lei da Polaridade

A imagem que ilustra esta lei é uma mandala, simbolizando a relação harmônica de forças aparentemente opostas: o Sol e a Lua, o dia e a noite, a luz e a escuridão. Essas forças opostas representam extremos, opostos que parecem estar muito distantes em semelhança, mas, na verdade, estão muito próximos, se tocam.

Eu considero a quarta lei hermética bastante fácil de ser compreendida na teoria, mas muito difícil de ser aceita e colocada em prática pelo ser humano. O seu axioma é:

"Tudo é Duplo; tudo tem polos; tudo tem o seu oposto; o igual e o desigual são a mesma coisa; os opostos são idênticos em natureza, mas diferentes em grau; os extremos se tocam; todas as verdades são meias verdades; todos os paradoxos podem ser reconciliados."

Esta é uma das leis que está mais evidente a olho nu para a sociedade. Pessoas com qualquer grau de consciência conseguem identificar as polaridades, o dualismo em tudo o que há neste planeta e nesta existência, dentro de si próprias e no outro: claro e escuro, bem e mal, amor e ódio... Mas, embora as polaridades sejam facilmente identificadas, são muito pouco compreendidas.

A dualidade, contudo, é necessária para o equilíbrio do Universo no que diz respeito às diferenças. Em *O Livro de Mirdad*, é explicado que a dualidade foi necessária para que o Todo se manifestasse em forma física, a fim de ter experiências de diferentes perspectivas para auxiliar na expansão do Universo. Por isso, quando a nossa representação física vem para a Terra, vive uma experiência dual. E quando essa experiência temporariamente humana acaba, a dualidade também se encerra, até que voltemos novamente para o plano material — onde mais uma vez experimentaremos o mundo dual.

Mas, afinal, qual a diferença entre o bem e o mal? Tudo é a mesma coisa, só que em graus diferentes de vibração. Entre cada polaridade, existem escalas com graduações — diferentes graus de bondade, de luz, de amor. Todo sentimento é fruto de uma das polaridades. E esse sentimento pode "andar" na escala, modificando a sua intensidade. Vamos pegar como exemplo o amor (polaridade positiva) e o ódio (polaridade negativa). No espaço entre os dois, há graus de amor: quanto mais o amor se encaminha em direção à polaridade oposta, menos intenso vai ficando. Então, o ódio nada mais é do que o amor em um grau diferente de vibração. Os dois sentimentos são a mesma coisa, mas em graus distintos. O ódio nada mais é do que o amor em polaridade negativa. O mesmo acontece com a luz e o calor: a escuridão corresponde a graus baixíssimos de luz; e o frio, a frequências muito baixas de calor.

Lembro que, certa vez no meu canal no YouTube, uma pessoa escreveu o seguinte comentário em um dos meus vídeos: "Não sei por que, mas eu odeio essa mulher". Só que, como eu já vinha estudando tudo isso, apenas ri, porque entendi aquilo como amor. Pensei: "Essa pessoa me ama, só que em diferentes graus. A consciência dela não compreende que o que ela sente por mim é amor". Assim, toda pessoa que o odeia, na verdade, o ama, só que ela está numa polaridade inversa. Amor e ódio são a mesma coisa em diferentes graus — tendo o ódio baixíssimas vibrações (mas ele é amor também, em diferente manifestação na escala das polaridades).

Não é à toa, portanto, que esta é uma das leis mais negligenciadas e mais mal compreendidas. Muitas pessoas me perguntam: "Quer dizer que eu tenho que aceitar o mal e o ódio?". Elas não querem fazer isso! Porém, esse esforço que o ser humano tem em querer transformar tudo em igual vai contra a Lei da Polaridade. A história está aí para confirmar: guerras após guerras, grupos contra grupos... São opostos lutando entre si, com o objetivo de fazer o outro pensar igual. Tudo isso porque não aceitam o equilíbrio do Universo que há nas diferenças, nem o fato de que aquilo que nos irrita no outro está em nós também. É como diz o axioma: tudo é a mesma coisa, em diferentes graus de vibração.

Entenda: o homem que tenta mudar a dualidade está criando mais confusão no mundo, mais guerras. E mesmo que a maioria das pessoas compreenda como a lei funciona e identifique as polaridades no seu dia a dia, elas não querem aceitar que tem que ser assim, que é parte de uma das leis do Universo. Não obedecer a Lei da Polaridade é o mesmo que dizer "Eu não acredito na Lei da Gravidade" e em seguida se jogar de um prédio. Quando você luta contra uma das leis, você se destrói, sofre. Não tente lutar contra as polaridades porque sempre será vencido. E lembre-se:

você não está aqui para brigar com ninguém, e sim para entender a lei e obedecê-la.

Qual o seu lado na polaridade?

Então, o primeiro passo para viver bem com a Lei da Polaridade é reconhecer em que lado da dualidade você está. Em qual grau da bondade você se encontra? Em qual grau de prosperidade? Se você não está satisfeito com os resultados que vem obtendo agora, assuma que está no lado oposto da polaridade que deseja e, a partir daí, procure ser a polaridade inversa de sua atual realidade. Esse é o primeiro passo para transmutar e começar a subir degraus diferentes — e você vai entender melhor isso quando falarmos sobre transmutação mental mais adiante. Quanto mais atenção você der para o que não gosta, mais disso vai aparecer para você. Isso porque está se conectando com o lado inverso ao desejado.

Além disso, a Lei da Polaridade vem lembrar que você tem, dentro de si, um lado luz e um lado sombra. É a nossa parte escura que ainda precisa ser trabalhada. E, conforme você avançar na escala da expansão da consciência, menos trevas terá, porque estará subindo para a luz. A luz é o conhecimento total, o destino final do ser humano. É voltar para a essência divina, o Todo, que é luz, bondade, amor, prosperidade, abundância, paz e tudo o que há de bom. Então, aquilo que está na polaridade inversa (o mal, a negatividade...) não existe, porque nada mais é do que um afastamento do destino.

Isso costuma dar um nó na cabeça das pessoas, porque elas acham que não precisam fazer nada, que têm que aceitar o mal... Mas não é bem assim. Entenda que, quando você estiver diante de algo de que não gosta, deve dizer: "Eu posso escolher olhar para o inverso disso, porque isso é a manifestação da polaridade negativa". Tenho certeza de que você vai viver uma vida muito mais positiva. Aceite que existem leis que estão governando o Universo e mantendo tudo em ordem. Deixe que o mundo seja como ele é. Você tem que governar apenas o seu próprio mundo, o seu universo particular. Governando a si mesmo, você governa as coisas a sua volta.

Por exemplo, se você pensa que só há maldade no mundo, será o mal que se manifestará na sua experiência física. Mas se você decide focar no fato de que o mundo é predominantemente luz — porque, lembra, a polaridade negativa não existe, ela nada mais é do que graus baixíssimos de amor, bondade, paz —, aí haverá abundância de tudo o que há de bom!

Enfim, é assim que funciona a Lei da Polaridade: tão simples, mas difícil de aceitar. Aceitar que o outro é diferente e que está se expressando em graus diversos de vibração na escala das polaridades. Todos os seres têm graus de bondade diferentes. Ninguém é todo mau e ninguém é todo bom — a não ser o Todo, que é pura luz. O que chamamos de maldade nada mais é do que o bem em baixíssima vibração. Então, quando você vir uma pessoa cometendo atos maldosos, saiba que existe algum grau de bondade nela. Ela apenas está em diferente posição do que você na escala de expansão da consciência. Mas lembre-se:

quanto mais uma mente se expande e fica mais próxima do Todo, mais luz e bondade se manifesta na experiência dessa pessoa. É assim que funciona o mundo.

Além das polaridades

Apesar de toda essa dualidade, existe o paradoxo divino, que explica qual é nossa verdadeira identidade além das polaridades, ou seja, quem somos na unicidade. É como menciona o *Caibalion*: "Este é o Paradoxo do Universo, que resulta do Princípio de Polaridade que se manifesta quando o Todo começa a criar".

Para você entender melhor isso, imagine duas esferas, duas formas de ver a realidade: a esfera do absoluto e a esfera do relativo. Na esfera do absoluto, tudo é um. Só há unicidade, não existe divisão, nem forma. Eu sei que isso é inimaginável e incompreensível, se visto pela perspectiva da mente. Afinal, a mente tem a natureza dual, e o seu trabalho é dividir e criar formas, o que é ideal para que a consciência absoluta e una possa se expressar de múltiplas formas.

A partir daí, o Todo — a consciência criadora de todas as coisas, que é uma só — criou um ambiente diferente, que iremos chamar de esfera do relativo. E nela é necessário haver as polaridades, para que existam as formas pelas quais aquele que é um poderá se expressar como vários. As polaridades devem ser entendidas apenas como a multiplicidade de possibilidades de expressão da energia, como graus de luz para mais e para menos, e não como bem e mal, certo e errado, deveria e não deveria.

Quando o Todo se multiplicou em incontáveis centelhas de luz — as quais gosto de chamar de Centelhas Divinas —, elas permaneceram unidas ao Todo como consciências sem forma, sem divisão. Porém, essas centelhas enviaram pequenas porções de si mesmas para criarem a forma na matéria, na esfera do relativo. A partir da identificação com a mente e com o corpo, esses fragmentos da Consciência começaram a repartir suas mentes, separando tudo entre bem e mal, certo e errado, causando divisão e sofrimento. Na esfera do relativo, parecemos estar separados, mas na esfera do absoluto, na essência, somos todos um só.

Para facilitar essa compreensão, pense no diretor de um filme, que vê os atores em atuação e sabe que tudo está bem, porque aquilo se trata apenas de uma peça de ficção, uma encenação temporária. Do ponto de vista do diretor, tudo está lindo e correndo bem, mas, do ponto de vista dos personagens, é muito real. Por isso, os personagens sofrem porque pensam que tudo é verdade. Só que os atores que interpretam as personagens, quando estão chorando, sabem que é apenas uma encenação. Portanto, a esfera do relativo é a encenação; já a do absoluto, o *making off*, a verdade por trás das câmeras. Nossa verdadeira identidade além das polaridades é a luz, é o amor, é a unicidade com o Todo no absoluto.

Quando você entende essa diferença, você se eleva. Eleva a sua consciência ao plano do absoluto, ao plano da unicidade, e para de ver o plano inferior como sendo a verdade, o tangível, o real. Compreende que é uma ilusão, algo relativo, apenas uma forma-pensamento. E para de acreditar em separação. A verdade é o que está no absoluto: todos somos um.

O Paradoxo Divino

ABSOLUTO
(Superior/Lei)   **Unicidade**

RELATIVO
(Inferior/Leis)   **Separação**

O Ritmo
<------------>
(+) _____ (−)
As Polaridades / Dualismo

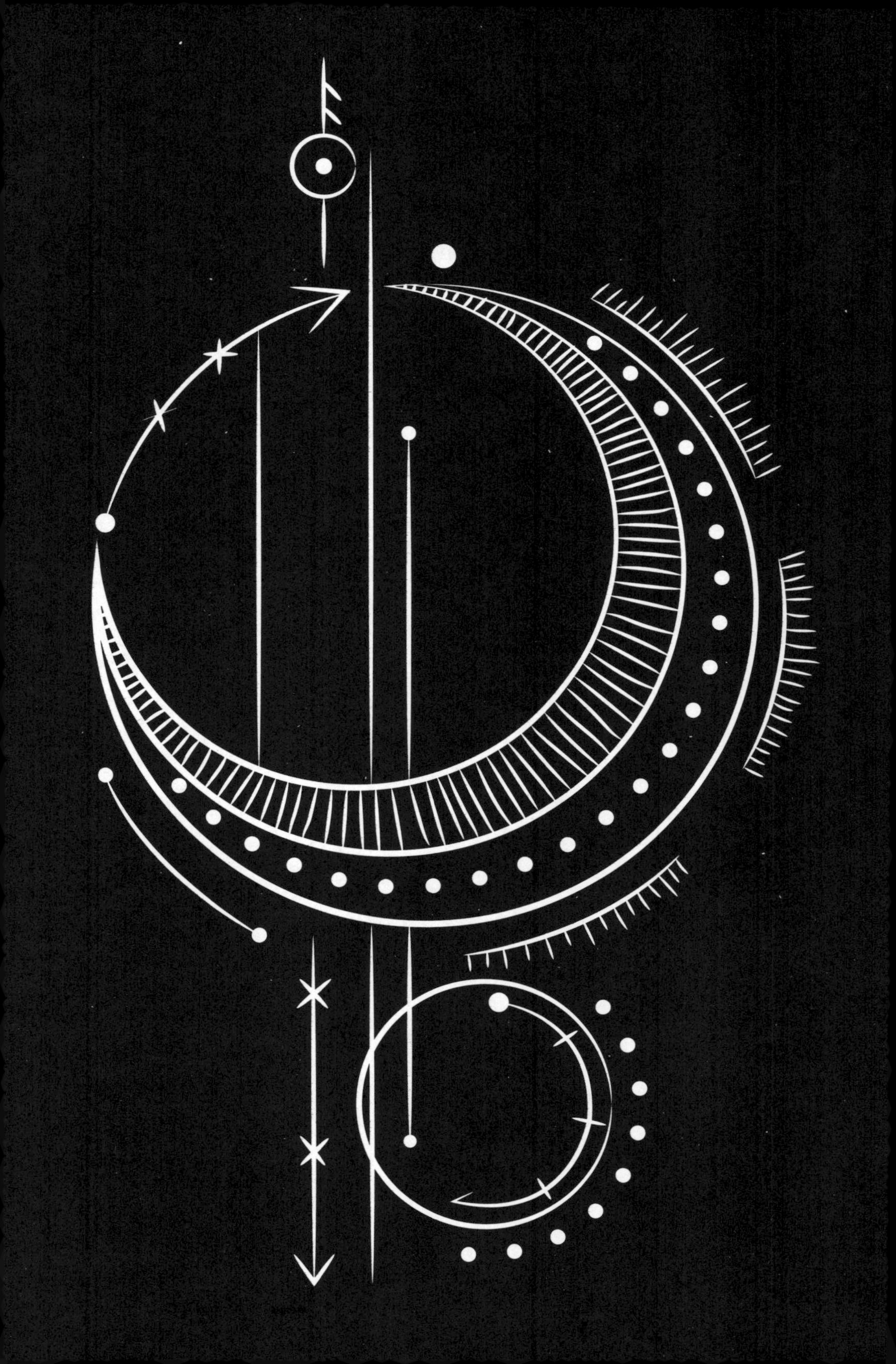

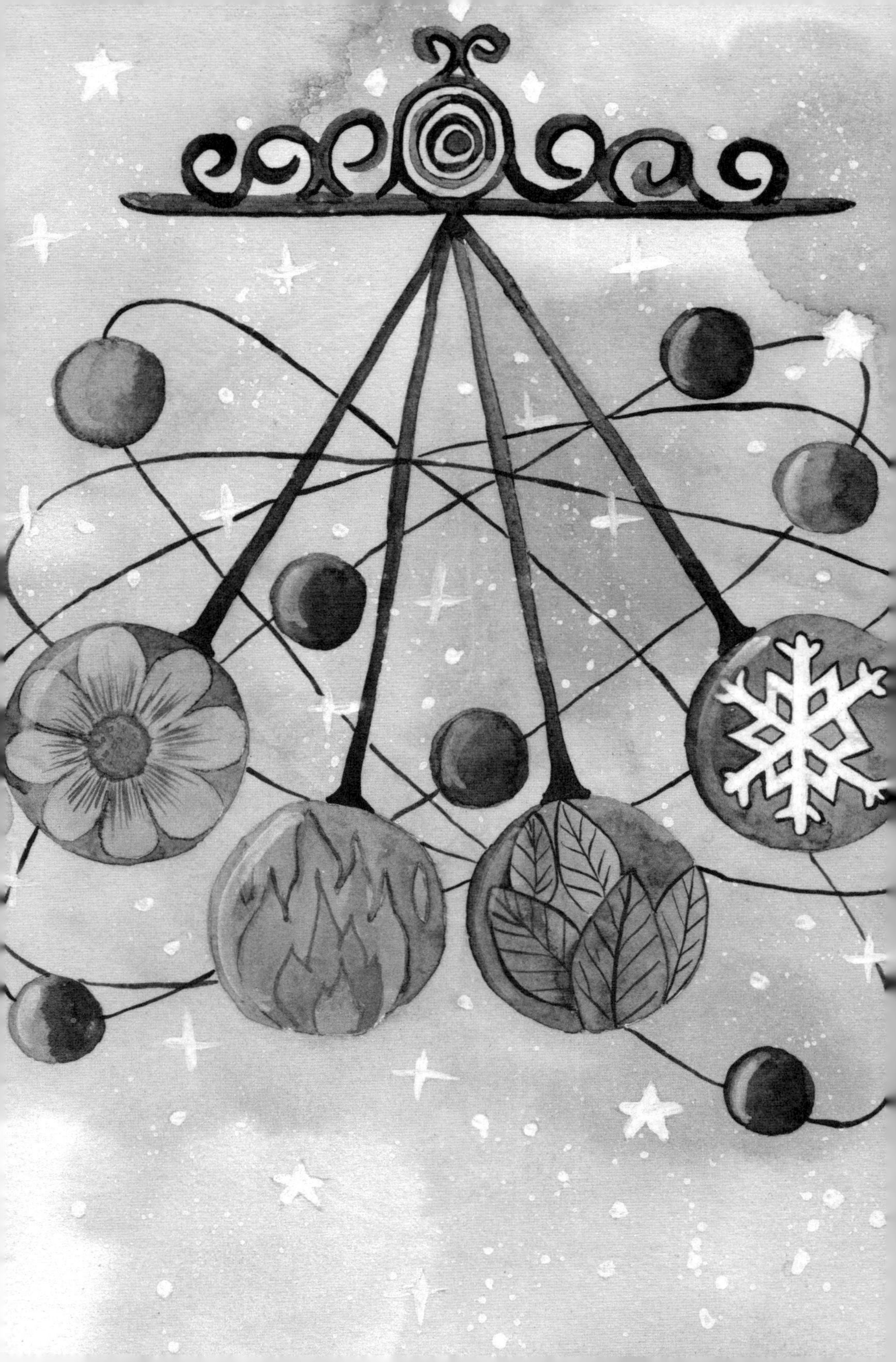

Lei do Ritmo

A imagem que ilustra esta lei é a de um pêndulo, que, conforme se move, muda as estações. Esse movimento pendular é o ritmo no qual toda a existência se move.

Esta é a minha lei hermética favorita, porque é muito fácil de ser compreendida e de ser colocada em prática. O seu axioma é:

"Tudo flui para fora e para dentro; tudo tem suas marés; todas as coisas se levantam e caem; a oscilação do pêndulo se manifesta em tudo; a medida da oscilação à direita é a medida da oscilação à esquerda; o ritmo compensa."

A Lei do Ritmo, assim como a da Polaridade, é facilmente percebida na sociedade, e até as pessoas mais simples conseguem se identificar com ela. Basta nos lembrarmos de certos ditos populares, como "Um dia é da caça e o outro é do caçador" e "Depois da tempestade vem o arco-íris". Com certeza você já ouviu a sua mãe ou a sua avó falando um deles. Era a forma de elas nos ensinarem sobre essa questão do ritmo, de que tem um dia bom e de que tem um dia ruim. Além disso, esta lei também é retratada na Bíblia, em Eclesiastes (3:1-8): "Tudo tem seu tempo determinado, e há tempo para todo propósito debaixo do céu". Como é fácil perceber, a Lei do Ritmo está totalmente ligada à Lei da Polaridade, a ponto de nós confundirmos uma com a outra.

Mas o que precisamos entender exatamente com a Lei do Ritmo? Em primeiro lugar, saiba que o Universo é uma sucessão de acontecimentos em movimento pendular. Então, vamos imaginar o que é chamado no *Caibalion* de pêndulo do Universo (ou pêndulo universal). E agora pense nas polaridades da lei anterior. Esse pêndulo vai se mover do polo positivo ao polo negativo, passando por todos os graus da escala de vibrações. O ritmo é este vaivém, este sobe e desce. Tudo acontece assim: dia de sol, dia de chuva, dia de sol, dia de chuva... As quatro estações são um exemplo perfeito da Lei do Ritmo impondo a sua sequência. Tudo no Universo segue esse ritmo sequenciado. Na sua vida, tem momentos em que você está lá no auge e, de repente, tudo começa a cair até você chegar ao fundo do poço. Mas depois tudo volta a melhorar e você vai novamente para o alto. O pêndulo funciona na vida de cada um de nós e em tudo!

O *Caibalion* nos lembra que a Lei do Ritmo se manifesta até mesmo na glória e na queda das nações. Se você olhar para a história da humanidade, tem vários exemplos. Roma, Egito e Grécia já foram grandes potências do mundo. Mas o pêndulo voltou para a polaridade oposta e hoje esses países perderam a sua força. Os Estados Unidos, atualmente, são uma superpotência. Mas não serão para sempre. Outra nação se levantará e os Estados Unidos cairão. Essa é a realidade imposta pela quinta lei hermética. É assim na política, é assim no amor, é assim em tudo!

Então, a Lei do Ritmo nos mostra que tudo tem suas marés. E o hermetista, sabendo desse movimento do pêndulo como uma Lei Universal, trabalha com a neutralização (explicarei mais para frente). Mas quem não entende isso vai se polarizar: seu pêndulo vai bater com toda a força em um dos extremos e vai voltar com a mesma intensidade para o extremo oposto. Quando isso acontece, os resultados podem ser terríveis.

Se pensarmos em política, vemos que aquelas pessoas que fazem a revolução estão justamente vivendo essa volta violenta do pêndulo. Você vai perceber que isso acontece em todos os governos, sejam de direita ou de esquerda: as pessoas que mais se polarizam nas suas ideologias são as que mais sofrem quando o pêndulo volta para a outra extremidade. Por exemplo: primeiro, elas vão para as ruas brigar pelo que acreditam; depois, quando o pêndulo volta, o governo pelo qual lutaram sai do poder e elas se desesperam, se descabelam.

Em uma situação dessas, o que o hermetista faria? Como ele já entende como funciona a Lei do Ritmo, simplesmente vai viver a vida dele! Ele não depende de governo algum porque, como domina a própria mente, cria a sua realidade. Alquimista de sua vida não se importa com o que está no noticiário. Ao ver o povo se matando, sabe que é o pêndulo voltando. Isso não quer dizer, contudo, que é para você não dar a mínima para os fatos. O que deve fazer é não se polarizar, não ficar no extremo de nada! Neutralize-se o máximo possível. Faça com que seu pêndulo não vá de uma extremidade à outra. E sim que fique balançando mais no meio, mais devagar. É você quem vai determinar a velocidade dele.

Porém, entenda que neutralizar-se não significa deixar de ter opinião ou dar uma de Pôncio Pilatos e simplesmente

O que amamos, queremos para sempre; e o que odiamos, desejamos que termine o quanto antes. Viver assim é sofrer constantemente. Por isso, gosto de olhar para tudo em minha vida e dizer: **"Tudo passa e isso também vai passar"**. Falar essa frase diante do que eu amo me ajuda a ter consciência de aproveitar o momento presente. Já diante do que me desagrada e me causa desconforto me ajuda a ter paciência e resiliência. Experimente!

@temporariamentehumana

lavar as mãos, tirar o corpo fora. Você ainda está nessa esfera temporariamente humana, e a vida e seus acontecimentos irão continuar. O que a Lei do Ritmo nos ensina é ter o equilíbrio interior das nossas emoções, não nos deixando dominar por elas em nenhuma intensidade. Pratique ser o observador de suas emoções, perceba o que está sentindo e busque um local interno de equilíbrio, que está além do apego e da aversão — transcenda ambos internamente.

No mundo externo, faça o que acha que deve ser feito. Escolha o que a sua intuição e o seu coração conduzirem você a fazer, mas sem paixões desvairadas. Nesse sentido, não posso deixar de mencionar os filósofos do movimento estoico, na Grécia Antiga, que foram um verdadeiro exemplo de resiliência em qualquer circunstância. No estoicismo, havia foco no conhecimento e em tudo o que pudesse ser controlado pela própria pessoa. Assim, todos os tipos de sentimentos externos (como a paixão e desejos extremos) eram desprezados.

Tudo passa e isso também vai passar...

A Lei do Ritmo também é conhecida como a lei da impermanência de todas as coisas. Por um lado, quando este princípio hermético se impõe sobre algo a que nos sentimos apegados, essa característica parece desagradável. Afinal, queremos manter para sempre aquilo de que gostamos, temos a sensação de posse ao objeto de nosso apego. Por outro lado, quando pensamos em algo que rejeitamos, queremos que o pêndulo mude logo a direção, levando para bem longe e o mais rápido possível o objeto da nossa aversão.

É por isso que sofremos quando estamos nos extremos do apego ou da aversão e o pêndulo do ritmo do universo vem, mudando as coisas. O que amamos queremos para sempre e o que odiamos desejamos que termine o quanto antes. Viver assim é sofrer constantemente. Por isso, gosto de olhar para tudo em minha vida e dizer: "Tudo passa e isso também vai passar". Falar essa frase diante do que eu amo me ajuda a ter consciência de aproveitar o momento presente. Já diante do que me desagrada e me causa desconforto, me ajuda a ter paciência e resiliência. Experimente!

Alegria demais também não é bom...

Para você entender melhor a Lei do Ritmo, vamos a outro exemplo mais comum ao seu dia a dia. Quando acontece algo bom para você, como reage? Embriaga-se de alegria? Lembre-se de que, na escala das vibrações, em um extremo está a alegria e, no outro, a tristeza. Então, você já deve ter ouvido aquela velha história: "Está rindo muito agora, depois vai chorar!". Se você prestar atenção na sua vida, vai ver que é assim mesmo. Quando você se deixa embriagar com a alegria a ponto de perder o controle, o domínio de si mesmo, pode ver que logo depois o pêndulo volta com a mesma força para o lado oposto.

Eu vivi isso na prática! Quando morava nos Estados Unidos, queria muito fazer um curso do Bob Proctor, que custava

US$ 6 mil. Para isso, precisaria vender o meu carro. Muito ansiosa, eu ficava o tempo todo falando: "Ai, quero fazer esse curso! Eu me visualizo já estando lá". Resultado: consegui vender o carro e o comprador ainda me pagou em dinheiro! Fiquei tão feliz, mas tão feliz, que gritava e me tremia toda de tanta alegria. Isso porque, para mim, aquilo representava a mudança que a minha vida precisava. Eu havia botado tanta expectativa nesse curso, que meu coração só faltava explodir.

Porém, poucas horas depois, o comprador me telefonou dizendo que o carro era uma bomba e que queria o dinheiro de volta. Ele estava bravo, achando que eu o havia enganado. Só que eu não fazia ideia de que o carro ia pifar, porque ele sempre havia funcionado bem. Então, de uma hora para outra, meu mundo caiu. Fiquei horrorizada com a velocidade com que o pêndulo foi com toda força para o outro lado. Com isso, não consegui me inscrever no curso desta vez.

Chateada, fui reclamar com a minha Centelha Divina, que me respondeu: "O equilíbrio, a neutralização". Por isso, hoje, quando algo bom acontece comigo eu me lembro da Lei do Ritmo. Eu me permito sentir aquela alegria, mas seguro a minha onda e não saio por aí gritando, desesperada: "Ai, eu tô feliz demais, meu Deus!!!". É preciso ter equilíbrio. Comemore equilibradamente, dizendo: "Que bênção, que bacana, estou muito feliz, legal". E quando algo de muito ruim acontecer, aja da mesma forma. Nada de falar: "Ai, eu não aguento! Vou morrer! Não vivo mais sem isso!". Sinta a sua dor, mas procurando manter o seu pêndulo movendo-se devagar no meio da escala das vibrações, e não rapidamente de um polo a outro. Lembre-se de transcender os extremos de apego e aversão.

Por isso é que não devemos ser extremistas em nada, buscando transcender e neutralizar as emoções o máximo possível. Os que mais sofrem o efeito do pêndulo são aqueles que estão mais polarizados. Os que menos sofrem são os que optam por ficar no meio. A força do pêndulo chega pertinho deles, mas eles pulam, sabendo que tudo vai passar. Se você se posicionar no meio desse trajeto do pêndulo, ficará só olhando as pessoas que estão nos extremos lutarem entre si. Mas isso quer dizer, então, que você não pode apoiar um lado da política (ou de qualquer outro assunto) com que mais se identifique? Claro que pode, mas sem ficar lutando, combatendo. Apenas fortaleça os pontos positivos de sua escolha.

Quando você compreender a Lei do Ritmo, começará a respeitar os períodos em que o pêndulo balança. Aceitará que, em sua vida, não vai ter apenas dias de sol, mas de chuva também. E como fazer para não se molhar quando o pêndulo voltar para o negativo e trouxer a chuva? Você irá praticar a neutralização, aplicando a técnica de transmutação mental que vou ensinar logo após a sétima lei hermética.

De qualquer forma, tem algo simples que já posso explicar sobre a lei da neutralização, para você aplicar quando o pêndulo estiver vindo para o lado de que você não gosta. Imagine que você esqueceu de puxar o freio de mão do seu carro e ele começa a descer a ladeira. E agora, o que fazer? Você fica desesperado e tenta parar o carro. Mas sabe que, se tentar pará-lo depois que ele iniciar a ladeira, será esmigalhado.

Agora pense que esse carro representa os seus sentimentos. Quando você perceber que está começando a sentir raiva, tristeza ou qualquer outra emoção indesejável, pare esse sentimento antes que ele ganhe força. Com o pêndulo do Universo, faça algo parecido: você não tem como pará-lo — porque ele é maior do que você —, mas pode regulá-lo. Já o seu sentimento você pode dominar. E como você para esse "carro"? Mudando o seu ponto focal. Se está assistindo ao telejornal e vê algo que o deprime, desligue a TV e vá fazer outra coisa. Se está começando a ficar triste, procure tirar isso rápido do seu coração. Não espere passar dias e dias nesse estado, para então mudar. Vai ser muito mais difícil.

Mesmo assim, se a tristeza se instalar, a única coisa que posso lhe dizer é: "Deixe o carro passar por cima de você! Você não vai morrer porque o pêndulo volta, tá?". Ou seja, tudo passa, tudo sempre passará. Nada é eterno: não há alegria, nem tristeza, que durem para sempre. É isso o que fala a Lei do Ritmo. E quando você a compreende, juntamente com a neutralização e a transmutação mental, perde o medo da volta do pêndulo. Isso porque já sabe que, na sua vida, o pêndulo vai ter a velocidade que você determinar.

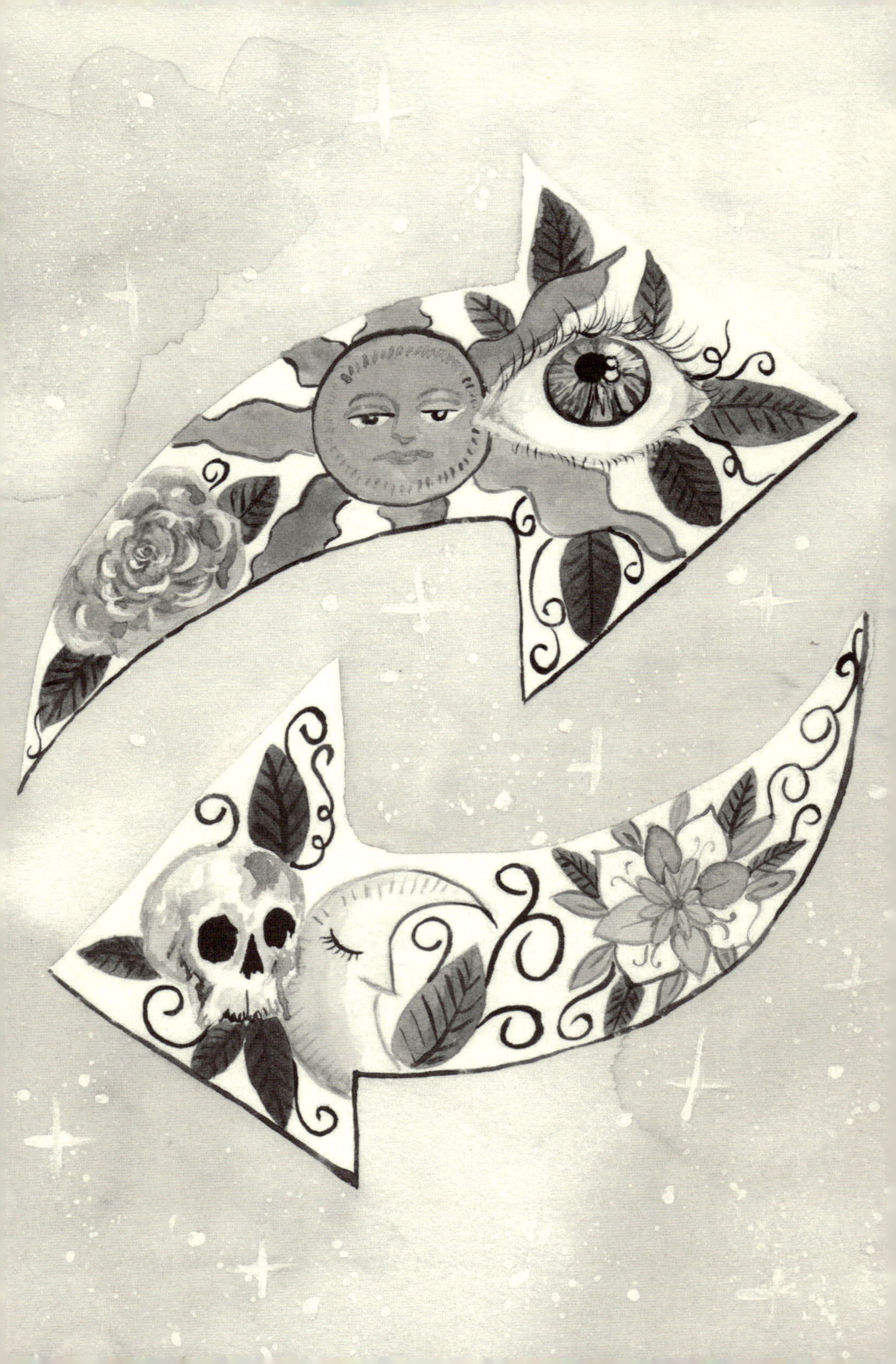

Lei de Causa e Efeito

A imagem que ilustra esta Lei possui duas setas em direções opostas, como se uma fosse a sequência da outra, simbolizando que tudo aquilo que fazemos de alguma forma volta para nós.

Eu acredito que esta seja a mais conhecida entre as sete leis herméticas, porque seu princípio está na fala do Cristo, de Buda e de todos os grandes mestres ascensionados que passaram pela Terra. Porém, para muita gente, ainda é muito mal compreendida e difícil de ser aceita. Seu axioma diz:

"Toda Causa tem seu Efeito, todo Efeito tem sua Causa; tudo acontece de acordo com a Lei; o Acaso é simplesmente um nome dado a uma Lei não reconhecida; há muitos planos de causalidade, porém nada escapa à Lei."

É um axioma até bem claro: tudo nessa vida tem uma causa. Sem exceção. Esta lei não se curva para ninguém. Logo, não existe sorte, coincidência, acaso, infortúnio ou vítimas. E é justamente por isso que a maioria das pessoas não tolera a sexta lei hermética: elas estão sempre querendo culpar o outro e não aceitam que existe uma causa para todo efeito, ou seja, para tudo o que acontece em suas vidas.

Neale Donald Walsch, no livro *Conversando com Deus*, explica que não há vítimas no Universo. Todo mundo, direta ou indiretamente, criou a realidade pela qual está passando. E é muito difícil falar isso para uma população inteira que ainda não expandiu a consciência e vive vibrando na frequência de vítima, acreditando que a culpa é do governo, do marido, da família, do patrão, do sistema... Nada é culpa delas. Elas acham que não são a causa para o efeito que estão colhendo em suas vidas. Mas são. E por isso precisam assumir a responsabilidade sobre os atos de suas vidas e escolher os frutos que elas mesmas vão plantar.

Não é à toa que considero a Lei de Causa e Efeito muito parecida com a Lei da Atração, porque aquilo que você emana será o mesmo que irá colher. Você é a causa. Então, uma pessoa que tem muita prosperidade com certeza plantou isso na vida dela para poder fazer a colheita depois. Inclusive quem ganha na loteria está sujeito à Lei de Causa e Efeito. No *Caibalion*, é dito que até o jogar dos dados não é obra do acaso.

Esta lei, contudo, pode parecer injusta quando sofremos algo muito ruim, como uma violência. Se tudo o que acontece em nossa vida é porque houve uma causa, então a culpa é da vítima e não do agressor? Não, de forma alguma. A culpa não está em ninguém. Não é uma questão de culpa, e sim de causa e efeito. O problema é que, com a nossa mente limitada, nós queremos compreender como ocorreu aquele efeito, quais foram as causas que deram origem a ele. Mas não temos acesso a todas as informações que estão no Cosmos. E, além disso, elas vão além do nosso entendimento, da nossa capacidade de processar.

Em *O Livro de Mirdad*, quando se fala sobre causa e efeito, é mencionado exatamente isso: ainda que você não entenda, aceite tudo o que cair da sacola do Universo no seu colo. Não reclame e receba como sendo sua parte justa, mesmo que não entenda o porquê. Agradeça, aprenda com aquilo e confie, porque a lei não falha. Então, não somos nós que vamos fazer o outro pagar por algo que ele possa ter cometido. A Lei de Causa e Efeito funciona tanto para o agressor quanto para a vítima. Ambos estão colhendo o que plantaram. Além disso, quem agora agrediu uma pessoa também colherá o mesmo lá na frente. Não há ninguém impune no Universo. Um dia da caça, o outro do caçador. E vice-versa.

Planos da causalidade

Para que você possa entender melhor a Lei de Causa e Efeito, vamos precisar voltar na Lei da Correspondência, que fala que existem os planos espiritual, mental e físico — os dois primeiros formam o plano superior, e o último, o inferior. É no plano superior que as causas são determinadas; o inferior é o reino do efeito. O que acontece à maioria das pessoas é que elas querem um efeito em suas vidas, mas sem usar o plano que causa o efeito.

Os planos da causalidade (espiritual e mental), portanto, determinam quais são os efeitos que teremos em nosso mundo físico. E esses planos da causalidade abrigam causas externas a nós e internas. As externas seriam o local de nascimento, a hereditariedade, a cultura e tudo o que condiciona a pessoa, naquele momento, a pensar de um certo jeito. Digamos que nós somos afetados pela causalidade externa, de certa forma, pelas decisões tomadas por nossos antepassados. Por exemplo, quando você nasce, não escolhe sua religião; por isso, acaba indo para a igreja que seus pais determinarem. Ou seja, são causas que não dependem exatamente de você, mas que determinam e limitam a sua vida. Porém, é claro que esses fatores externos só vão limitá-lo até que compreenda o seu poder interior de quebrar todas essas cadeias que o prendem. E a compreensão disso vem conforme você avança na escala da expansão da consciência.

Para completar, existem outras causalidades externas: a vontade de seu Eu Superior e a influência de seres do reino espiritual, que tanto podem ser positivas quanto negativas — isso vai depender da predisposição da pessoa que está atraindo essas energias. Embora invisíveis, essas causas atuam muito mais em nós, seres do plano físico, do que se possa imaginar.

Já na causalidade interna, estão o seu livre arbítrio, as suas escolhas. Essa causa é de sua total responsabilidade, e quanto mais você toma ciência disso, mais toma as rédeas da sua própria vida ao controlar a sua mente, a sua imaginação. Então, no reino da causa interna, você pode ter domínio total de sua mente. Já no das causas externas, não tem qualquer domínio sobre as decisões dos seus antepassados que podem ter criado algo que se reflete na sua vida hoje. Só tem que perdoá-los. Entenda que eles fizeram o melhor que puderam com a consciência que tinham na época. É importante também levar em conta que havia causalidades anteriores a eles que você desconhece.

Na causa interna, portanto, você tem domínio absoluto sobre a sua própria mente. Ainda que a religião em que foi criado, a cidade em que sempre viveu e a situação econômica de seu país causem algumas situações na sua vida, quanto mais você for dono de si mesmo, capitão da sua alma, dominador dos seus próprios pensamentos, mais livre será. E mais independente das causas externas se tornará. Novamente, vale destacar: essa liberdade só chega quando você expande a sua consciência.

Para conseguir controlar a causa interna, responda: quais são os pensamentos que povoam a sua mente? O que você pensa na maior parte do dia? Será isso o que determinará a sua realidade. Aceite que seus pensamentos são a principal causa dos efeitos na sua vida! Então, quanto mais você conhecer a si mesmo, mais domínio sobre a sua mente terá, mais livre arbítrio usará e menos fatalismo viverá.

E agora você pode estar se perguntando: "Se eu não posso usar meu livre arbítrio sempre, então ele não existe?". Existe sim! Mas há também algo que o determina. Porque se o livre arbítrio fosse 100% liberado pelo Todo para as consciências, imagine a bagunça que o mundo não estaria! Então, nós temos um determinado limite para fazer nossas escolhas — e esse limite é imposto, por exemplo, pelos seres espirituais, por motivos diversos e desconhecidos por nós.

A verdade é uma só: ao entender a Lei de Causa e Efeito, você consegue lidar com a sua existência da melhor maneira possível. Afinal, é aquela velha história: qual efeito você quer para a sua vida? Quer amor, compreensão? Então o que tem que plantar no outro? Amor e compreensão para poder colher o mesmo! Você precisa se preocupar com as suas "causas" para obter os efeitos que deseja.

Quer uma última dica? Se você simplesmente aceitar e entender esta lei como sendo justa, conseguirá encontrar a paz. Assim, quando não compreender por que algo está acontecendo, vai lembrar que a Lei de Causa e Efeito acontece para todos, inclusive para você. Em seguida, reflita: "Que lição posso tirar disso que me aconteceu? Foi desagradável, não gostei, mas eu sei que tenho participação nisso. Então, o que de bom posso tirar dessa experiência?". E assim você transmuta a situação, como bom alquimista que é.

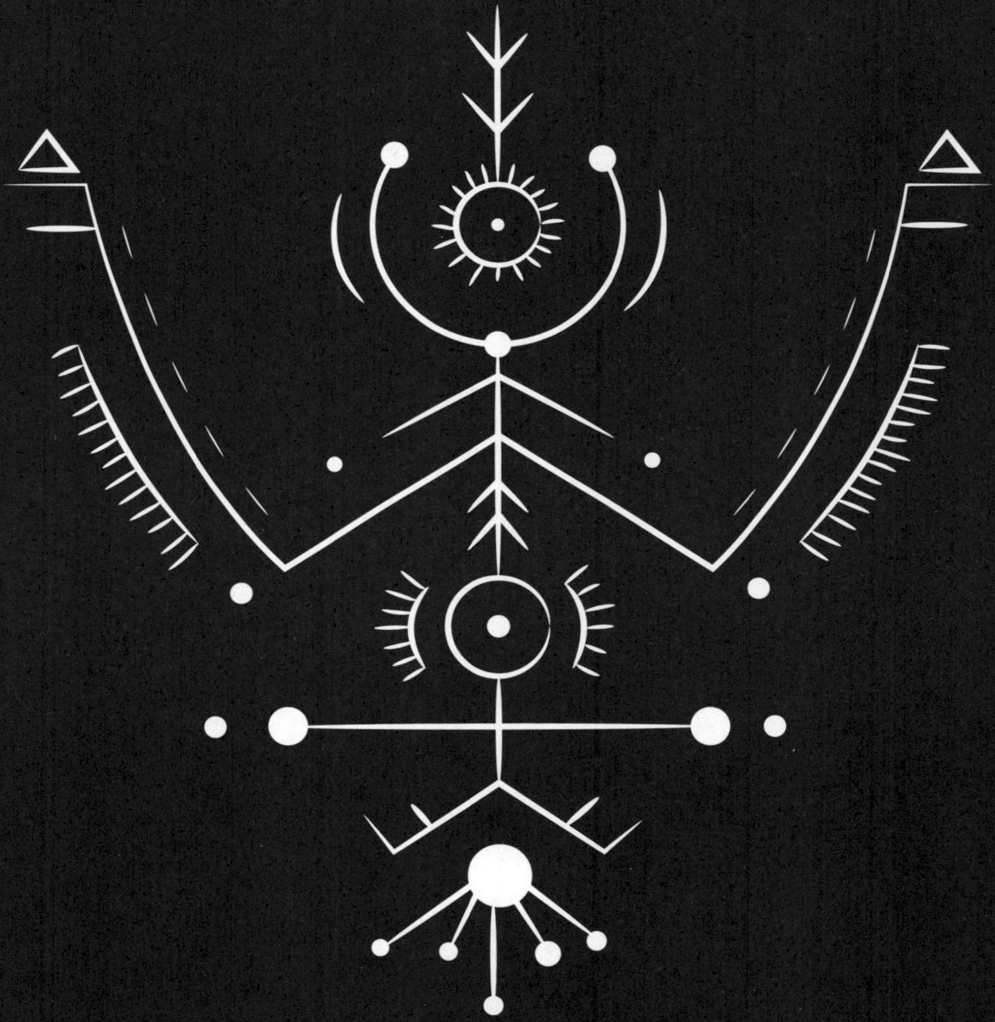

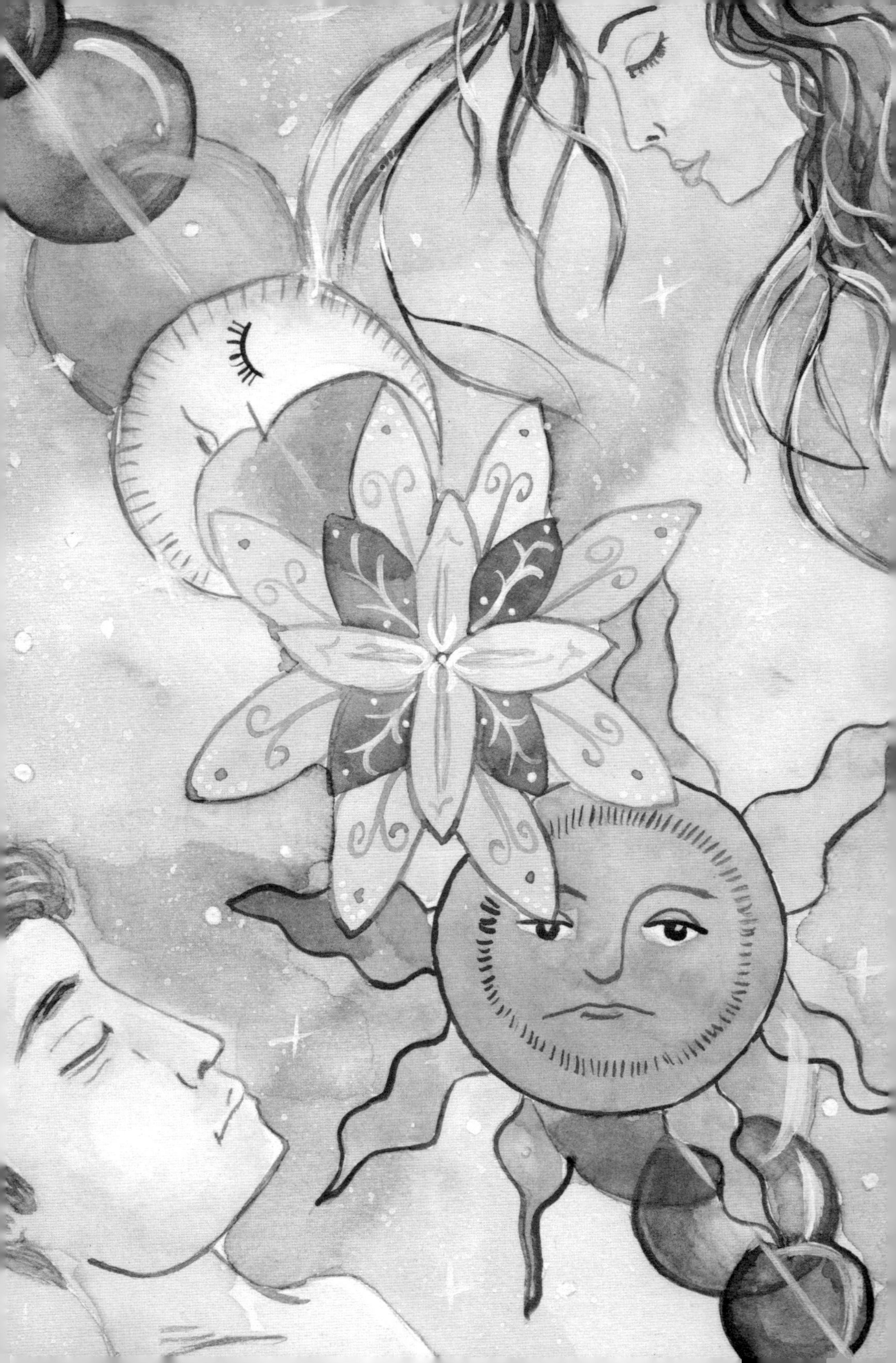

Lei do Gênero

A imagem que ilustra esta Lei mostra a relação entre os símbolos mais comuns de gênero, o homem e a mulher, e também o Sol e a Lua, que ajudam a simbolizar o comportamento da energia nessas duas direções, para dentro e para fora, atração e expansão.

Finalmente, chegamos à nossa última lei hermética. Ela é poderosíssima e precisa ser muito bem compreendida, senão você vai viver em desequilíbrio. Vamos ao seu axioma:

"O gênero está em tudo; tudo tem o seu princípio masculino e o seu princípio feminino; o gênero se manifesta em todos os planos".

Logo de cara, já dá para identificar duas outras leis bastante relacionadas com a Lei do Gênero. A primeira é a da Correspondência, já que o gênero está presente em todos os planos (espiritual, mental e físico), manifestando-se de forma um pouco diferente em cada um, mas o princípio é o mesmo. A segunda é a da Polaridade, a qual fala que tudo tem dois polos opostos, que se encontram, se reconciliam e, juntos, formam uma coisa só. Como uma moeda que tem cara e coroa. E isso está nítido na Lei do Gênero, quando falamos em masculino e feminino.

De acordo com este princípio hermético, o gênero feminino representa a procriação, dar à luz, gerar a vida. Já o masculino traz a simbologia de se colocar a semente, de engravidar a mente para gerar uma nova ideia. E assim, em todos os planos, a energia masculina e feminina atuam juntas para criar a nossa realidade.

No plano físico, uma das formas de representação da Lei do Gênero está no sexo, quando um homem e uma mulher copulam e, nove meses depois, nasce um bebê, um novo ser humano totalmente distinto do pai e da mãe. A combinação das energias masculina e feminina gerou um outro ser diferente. Semelhante, mas diferente. Porém, saiba que a nossa sexualidade é apenas uma das expressões desta lei.

Outra forma de o gênero se manifestar no nosso plano físico está no próprio átomo, que, como você sabe, é a menor partícula que compõe a matéria. Pela etimologia, a palavra átomo é de origem latina e significa gerar, procriar, produzir. Mas, para isso, precisamos das duas expressões do gênero: masculino e feminino. E do que o átomo é composto? De prótons, elétrons e nêutrons. Este último, como o próprio nome diz, é neutro.

Como você também sabe, tudo o que há na Terra é constituído por átomos. Eles funcionam como pecinhas de lego que formam toda a nossa realidade física. Neste caso, no *Caibalion*, a formação do átomo é usada como exemplo apenas para mostrar que a Lei do Gênero está em tudo, inclusive no átomo, que é a base da formação de toda matéria. O intuito é ilustrar o comportamento do gênero na forma de energia elétrica. Outro exemplo pode ser o da bateria. Pense numa pilha comum: ela tem dois lados, o negativo e o positivo. O polo positivo envia impulsos para que o polo negativo faça a produção ou geração de energia. Mas a bateria não funcionaria sem os dois polos. Por isso, não pense em negativo como algo mal, e sim apenas em termos de comportamento da energia que flui para dentro, feminino, e para fora, masculino.

E no plano mental, como a Lei do Gênero se manifesta? A ciência já reconhece que a nossa mente é dual, ou seja, é constituída por duas partes: o consciente e o subconsciente — também chamado de inconsciente. Só que os hermetistas sabiam disso há muito tempo, mas com nomes diferentes: mente masculina (consciente) e mente feminina (subconsciente). Ter noção disso vai ser essencial para você praticar a transmutação mental, que vou ensinar logo em seguida.

Essas duas mentes podem ser comparadas a um iceberg, em que o consciente representa apenas a pontinha que vemos fora da água e o subconsciente, a maior parte que está submersa. É a mente subconsciente que rege a sua vida, que gera as suas ações. Ela é muito mais poderosa do que o seu consciente, a sua mente masculina. Porém, atenção: o *Caibalion* deixa claro que, apesar de a energia feminina ser muito mais "trabalhadora" do que a masculina, ela precisa da ideia, do espermatozoide, para gerar. O subconsciente não gera nada se não for estimulado pelo consciente.

Veja o que acontece: o desejo (fazendo o papel de espermatozoide) surge na mente consciente a fim de gerar algo. Então, quando você sentir vontade de alguma coisa, imediatamente estará atuando com a energia masculina do seu consciente que irá plantar essa vontade no seu subconsciente. Grávida dessa ideia, a mente subconsciente faz o quê? Começa a produzir imagens mentais, visões

O alquimista não se deixa levar pelas circunstâncias desagradáveis ao seu redor porque sabe que são apenas frutos da mente de outra pessoa ou até de sua própria mente em um momento de negatividade. Então, aquelas desgraças que você vê no noticiário, as brigas em sua família, enfim, tudo o que acontece ao seu redor e que parece negativo foi criado pela mente de alguém. Mas o bom é que você tem o poder de produzir uma realidade diferente!

@temporariamentehumana

daquilo que você quer transformar em real. Então, quando você faz visualizações, está engravidando a sua mente subconsciente, que, em resposta, produz imagens. E assim como um bebê leva nove meses para nascer, os nossos resultados também demoram um tempo entre a concepção da ideia e a sua materialização. Até que, num determinado momento, você estará pronto para nascer e se materializar. Como se vê, a Lei do Gênero explica como a realidade é criada pelos nossos pensamentos.

Mas, antes de ir adiante nesta explicação, você precisa aprender uma lição muito importante ao estudante hermetista: você não é a sua mente! O fato é que estamos acostumados a caracterizar as pessoas pelos estados mentais dela: "Fulano é extrovertido, é introvertido, é triste, é alegre". Mas nós não somos isso! Assim como o nosso corpo físico não é a nossa verdadeira identidade, os nossos estados mentais também não nos definem. Eles são como roupas que usamos e depois trocamos por outra. Ou seja, você pode modificar os seus estados mentais quantas vezes quiser, da mesma forma como uma pessoa entra em seu *closet* para escolher uma nova roupa.

A grande questão é que o nosso corpo físico se identifica com os estados mentais produzidos pelo relacionamento das mentes consciente e subconsciente. É como se elas namorassem e nascesse um bebê (o estado mental). Se você se sente falido, feio ou algo que não lhe agrada, isso nasceu do relacionamento do seu consciente com o subconsciente. Você permitiu que uma semente de pensamento criasse, gerasse, desse à luz o estado mental em que está hoje.

E agora vem a pergunta que não quer calar: quem você quer que gere ideias na sua mente subconsciente? Um consciente influenciado pelo seu ego (eu inferior) ou pelo seu Eu Superior? Você decide! É nesse aspecto que surge a questão do gênero no plano espiritual, em que o seu Eu Superior não é nem feminino, nem masculino. Ele é neutro. Afinal, é uma parte do Todo. Mas, quando ele assume a forma física, é obrigado a experimentar as polaridades, a dualidade do masculino e feminino, por meio do seu eu físico, do seu ego. Assim, voltando à pergunta do início deste parágrafo, saiba que o seu Eu Superior e o seu eu físico estão lutando para ver quem domina a sua atividade mental. Se você se alinhar com o seu Eu Superior, vai produzir frutos agradáveis. Porém, se deixar o seu eu físico, egoico, dominar a mente subconsciente, os frutos não serão tão bons.

Um exercício para escrever em sua mente

O fato é que pode demorar um tempo para você assumir o controle da sua mente subconsciente. E isso só acontece quando entende que precisa assumir o controle da sua mente masculina, consciente. Então, como dominar isso? Para ajudar você, vou ensinar um exercício muito interessante, criado por Joseph Murphy. Feche os olhos e imagine que tem uma caneta. Ela é a caneta da sua mente consciente, da sua energia masculina. Imagine-a escrevendo na sua mente subconsciente o que você deseja. Esse ato representa o masculino engravidando o feminino. Enquanto ela escreve, fale mentalmente: "Eu, nesse momento, escrevo com a caneta do meu consciente no meu subconsciente. Eu sou o sucesso, eu sou a prosperidade, eu sou vencedor, eu sou o amor". Experimente fazer isso por 21 dias. O seu subconsciente vai obedecer ao ser engravidado, ou seja, convencido. Mas, para que isso ocorra, é necessário que haja a repetição até que a nova ideia seja finalmente aceita e implantada na mente subconsciente.

É importante você praticar para não ser como a maioria das pessoas, que têm a mente consciente (masculina) fraca. O resultado disso é que a mente subconsciente (feminina) fica vulnerável às ideias dos outros. É assim que surgem as "marias vão com as outras". E a mídia sabe muito bem disso, porque conhece técnicas de programação neurolinguística para dominar a mente subconsciente das massas, influenciando-as com notícias que provocam medo e vários outros sentimentos alarmantes. Então, quando você assiste ao telejornal, naquele momento a emissora de TV pode estar implantando um pensamento, uma ideia, na sua mente subconsciente para que ela produza mais daquilo que foi implantado. Notícias que provoquem medo, por exemplo, vão gerar uma sociedade fácil de ser manipulada.

Agora que já conhece as sete leis herméticas você finalmente está apto para aprender a transmutação mental, além de técnicas utilizando essas leis e muitas outras alquimias.

A transmutação mental

Neste momento, tem algo em sua vida que não esteja lhe agradando? Na minha, tinha. Eu cresci num estado de consciência do ponto de vista da religião. Vivia com medo, presa a dogmas, a crenças de céu e inferno. Eu tinha aversão a tudo o que hoje ensino. Dizia que não era de Deus, e sim coisa do diabo. Eu nunca iria olhar para um livro de hermetismo, Lei da Atração, chacras, tarô... A religião que eu seguia rejeita com todas as forças esse tipo de tema.

E essa era eu... Já passei por esse estado de consciência. Só que, naquela época, eu pensava que isso me representava, era a minha essência. Mas a vida vai nos dando pancadas e o estado de consciência que estamos usando começa a se desgastar, porque ele não está trazendo os resultados que desejamos. Então eu comecei a olhar para outras pessoas que não acreditavam em nada daquilo que era a minha verdade, mas que estavam tendo sucesso e expressando uma vida de liberdade, alegria e satisfação.

Foi então que pensei: "Existem outras formas de viver, e eu só conheço essa que a igreja me apresentou. Vou dar uma espiada por cima do muro para ver o que tem lá do outro lado". E, ao fazer isso, acabei pulando o muro. Não foi fácil. As pessoas que conheciam a May do estado de consciência antigo foram reclamar, me dizendo que eu estava errada, que tinha abandonado a verdade. Foram me atacar porque não aceitaram a minha mudança. Eu rebatia dizendo que não era crime mudar de religião, não acreditar mais naquilo que passei a vida inteira achando que era o certo. E pedia que me deixassem livre. Com o passar dos anos, elas passaram a me respeitar, porque eu não voltei mais para o estado antigo. Isso é transmutação!

Entenda que nenhum estado mental é capaz de se manifestar sozinho. Ele necessita de uma consciência que lhe dê vida e expressão. A grande lição aqui é: em vez de manter o seu foco em materializar os seus desejos, coloque sua atenção em mudar o seu estado de consciência. É muito melhor preocupar-se primeiro em deixá-lo na mesma sintonia do que deseja do que ficar mentalizando um milhão de sonhos ao mesmo tempo.

Outra dica importante é: não more num estado mental, se não quiser. Você é uma consciência neutra, que passa por diferentes estados de consciência. Num mesmo dia, pode visitar, por exemplo, três deles. Em geral, existe aquele estado mental em que você passa a maior parte do tempo. Mas não confunda isso com a sua identidade. Você não é o estado mental, você é a consciência. E a consciência é absolutamente neutra. Como já mencionei anteriormente, seus estados mentais são como roupas à sua disposição no *closet*. Então, quando você pensa que é o estado mental em que se encontra, não dá a si mesmo a liberdade de poder mudar a roupa da alma, o estado da consciência.

Por isso é que, se você não gosta da vida que leva hoje, a primeira atitude é identificar qual "roupa" está usando. Para reconhecer o seu estado de consciência, uma dica é escrever uma lista das características que falaria de si próprio ou que alguém da sua convivência falaria de você. Ao terminar, você vai olhar e dizer: "Nossa, é isso o que eu penso de mim? Mas eu posso ser diferente! Posso decidir mudar o meu estado de consciência como eu mudo de roupa". Escolha outro estado que vá representá-lo melhor neste momento. E se daqui a cinco anos o que você optou agora não fizer mais sentido para você, não tenha medo: mude outra vez.

Depois da identificação, entra em cena a segunda atitude a ser tomada: realmente realizar essa mudança. Assim como eu fiz anos atrás. Se, por exemplo, você está num casamento de mais de 30 anos que não diz mais nada para você, por que não se separar — mesmo na velhice — e ir viajar com os amigos? Ninguém está preso a nenhum estado de consciência, e mudar não deveria ser considerado crime. Além disso, cada um desses estados nos proporciona aprendizados e experiências que somam para a expansão da nossa consciência.

Mas, afinal, como ocorre a transmutação mental?

Vou mostrar, agora, a teoria do que você precisa vivenciar na prática. Para isso, é necessário lembrar do que já estudamos: existe o plano superior, invisível, que é o plano da causa; e há também o plano inferior, visível, que é o plano do efeito. O problema da maioria das pessoas é que elas não sabem que é no plano superior, invisível, que o visível nasce. Fazem o quê, então? Querem mudar suas realidades mudando o efeito, e não a causa. E a causa está na mente, no mundo das ideias conforme Platão falava. Por isso, se quiser transformar uma sociedade, precisa modificar a mentalidade de quem a compõe. Senão, continuará tudo na mesma. O fato é que muita gente não vê as mudanças, porque só quer agir no plano material. Trabalham, trabalham, mas não prosperam. Procuram, procuram um amor, mas não acham. Isso é porque não atuaram no plano da causa, que é invisível. E como fazer isso? Acessando o plano superior por meio do plano mental e, assim, usar a mente para criar a realidade que desejar.

O alquimista não se deixa levar pelas circunstâncias desagradáveis ao seu redor, porque sabe que são apenas frutos da mente de outra pessoa ou até de sua própria mente em um momento de negatividade. Então, aquelas desgraças que você vê no noticiário, as brigas em sua família, enfim, tudo o que acontece ao seu redor e que parece negativo foi criado pela mente de alguém. Mas o bom é que você tem o poder de produzir uma realidade diferente. Basta parar, dominar a sua mente e fazer um exercício de visualização (no final desta Parte, terá a oportunidade de acessar um vídeo meu, em que faço este exercício com você).

O alquimista sabe que existem sempre dois lados e que, exercendo o poder de sua vontade forte, ele escolhe qual foco de atenção quer dar, ou seja, onde vai canalizar a sua energia. Afinal, ele também sabe que tudo o que recebe atenção cresce e se manifesta na vida material. Assim, mesmo que o pêndulo do Universo esteja no foco negativo, o alquimista escolhe o polo positivo. O mundo inteiro pode estar desabando, mas a escolha dele sempre será essa. Então, acessando o plano mental, ele faz a transmutação, colocando foco mentalmente na polaridade desejada, a positiva.

Por exemplo, de um lado, você teria a prosperidade; do outro, a escassez. Para qual dos dois polos quer dar atenção? Um

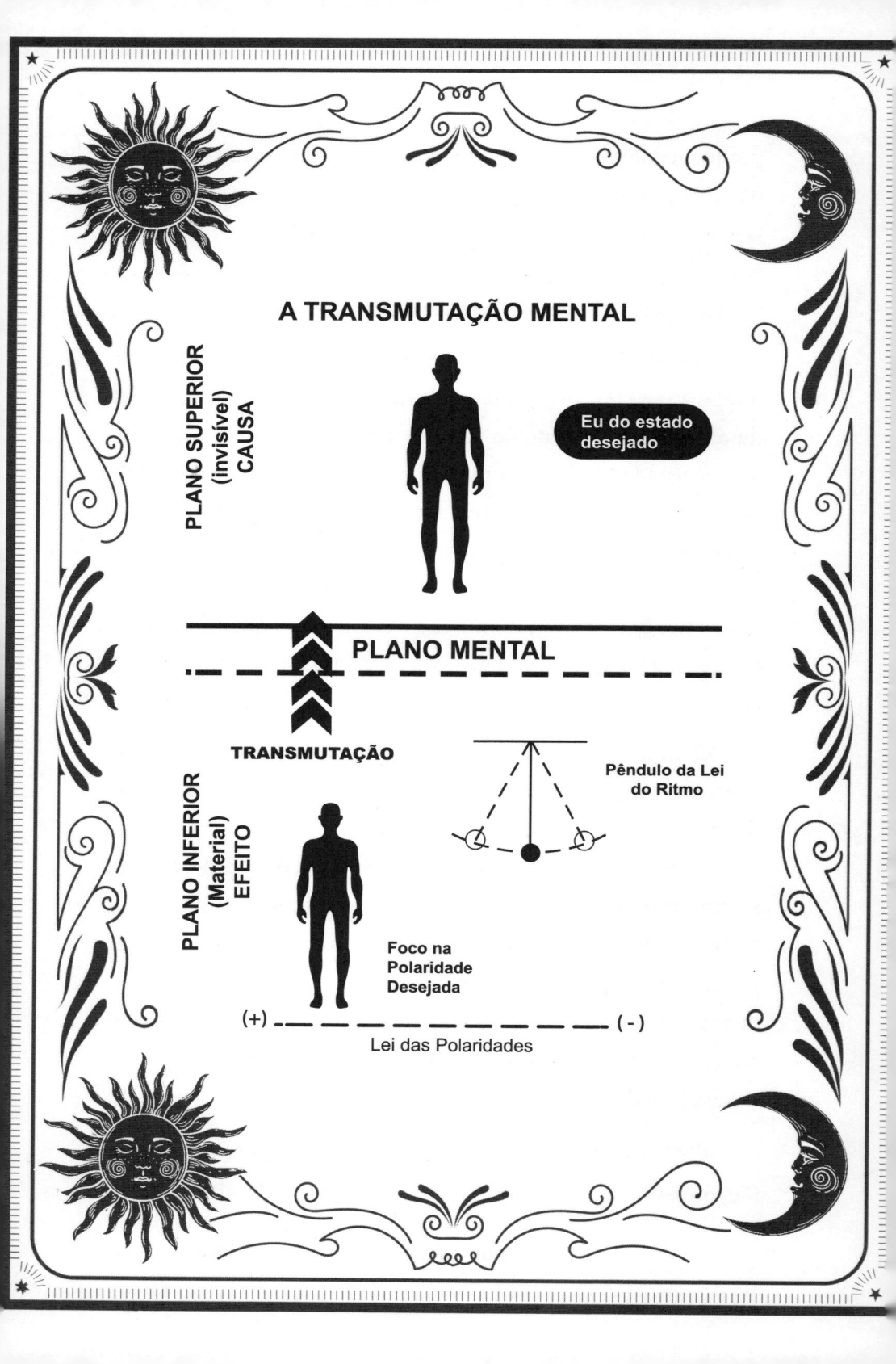

A TRANSMUTAÇÃO MENTAL

PLANO SUPERIOR
(invisível)
CAUSA

Eu do estado desejado

PLANO MENTAL

TRANSMUTAÇÃO

Pêndulo da Lei do Ritmo

PLANO INFERIOR
(Material)
EFEITO

Foco na Polaridade Desejada

(+) —————————— (−)
Lei das Polaridades

número enorme de pessoas pede ao Universo para manifestar abundância, mas como vai conseguir isso se vivem colocando a energia no polo da escassez? Isso acontece quando elas ficam falando que são pobres, que não têm dinheiro, que só vão conseguir algo se for de graça. Entenda: se você quiser dar vida à polaridade da prosperidade, precisa se lembrar dos momentos em que se sentiu bem materialmente e criar diálogos internos positivos. Deve escolher sempre olhar para o lado da abundância. Afinal, você só manifesta aquilo que vibra na mesma frequência.

A verdade é que a maioria das pessoas não faz a transmutação mental. Quando o pêndulo vai para a direita, elas vão para a direita; quando vai para a esquerda, seguem para a esquerda. Não têm domínio próprio. Mas como eu posso usar a transmutação mental para que esses movimentos bruscos do pêndulo não me afetem? O pêndulo nunca vai parar, e o carrossel das emoções vai continuar. Só que a transmutação será como mudar de roupa: você terá que trocar seus estados mentais quando sentir que o pêndulo está balançando para uma polaridade que não quer. O grande problema é que nós não prestamos atenção aos nossos sentimentos. Mas eles são o alarme, que toca antes de o problema acontecer.

Digamos que você se encontre tranquilo, mas começa a sentir que a raiva está vindo. Nessa hora, preste mais atenção a você e menos à atitude do outro. Olhe para dentro, não para fora. E assim vai conseguir identificar: "Ih, a roupa da raiva está chegando, mas eu vou transmutar isso". E como se faz? Primeiro, entenda que, quando você está vestindo a roupa da raiva, está vibrando totalmente no seu eu inferior. O Eu Superior não se veste com polaridades negativas; usa apenas roupas maravilhosas: alegria, amor, abundância, paz, saúde. Assim, quando você controla a raiva, se eleva à vibração do seu Eu Superior e transmuta esse estado mental.

Recentemente, estava arrumando minhas roupas no *closet* e senti que a minha atividade mental estava muito ocupada, pensando em coisas do futuro. Percebi, então, que a tristeza estava vindo. Na mesma hora, ouvi a minha Centelha me dizer: "Rápido, senta e escreve no seu caderno da gratidão". E então eu escrevi como se estivesse no fim do ano, agradecendo pelo fato de que tudo aquilo que eu estava me preocupando já estava resolvido. Terminei a prática rindo tanto, que as minhas bochechas ficaram doloridas. Naquele momento, eu enganei o pêndulo: subi para a vibração do meu Eu Superior, pulei do plano inferior para o superior. As pessoas podem chamar isso de mágica, mas não é. É controle de suas emoções.

Então, existem várias técnicas para transmutar o seu estado mental. Esta de escrever no caderno da gratidão é assim: pontue dez coisas pelas quais você se sinta agradecido. Ao fazer isso, você transmuta um estado mental de tristeza, murmuração e reclamação para um estado de gratidão. Ao terminar a lista de agradecimentos, estará se sentindo feliz. Dessa maneira, pula o pêndulo e ele passa, sem afetar você.

Vamos fazer um exercício?

Para se tornar um especialista na técnica da transmutação mental, vou ensinar a você um exercício para policiar as suas emoções o dia inteiro. Pegue um caderninho (o qual deverá ficar sempre perto de você) e vá anotando nele as suas emoções. Se ficou alegre, escreva: alegria. Alguém o trancou no trânsito? Escreva: raiva. Passe o dia assim, deixando fluir os sentimentos. Não tente controlar nada, porque é um experimento. Antes de dormir, veja quantos sentimentos vivenciou, quantas roupas vestiu. Separe, de um lado, os estados mentais negativos; do outro, os positivos. Repita o exercício por três dias. Assim, vai saber se costuma ter o padrão de ser mais positivo ou mais negativo. Descobrindo isso, saberá exatamente o que precisa transmutar em sua vida.

Mude seu estado mental e cocrie seus sonhos

Diante de tudo o que expliquei até agora, você consegue perceber que transmutação mental tem tudo a ver com cocriação? Afinal, quem cria os resultados é a consciência assumindo determinados estados. Portanto, a manifestação de seus desejos está diretamente relacionada ao estado mental que a sua consciência está usando. Os estados de consciência são os cocriadores! Eles representam o filtro que determina que tipo de cocriação vai acontecer a partir de você. Por exemplo, caso se mantenha num estado de consciência de escassez, será impossível produzir algo diferente disso.

Você só será capaz de manifestar aquilo que consegue sonhar. Se deseja um carro, significa que possui a capacidade de ter um. Senão, isso nem passaria pela sua cabeça. No momento em que desejamos algo, o nosso Eu Superior está nos dizendo que temos o potencial para manifestar. Quando eu estava no meu estado de consciência religioso, da igreja, eu nunca seria capaz de sonhar que um dia eu estaria ensinando e escrevendo um livro sobre alquimia mental. Isso para mim era errado. Algo abominável. Eu precisei mudar o meu estado de consciência para poder sonhar com isso. E aí sim, quando eu sou capaz de sonhar, sou capaz de realizar. Tudo começa no sonho, na mente. Não dá para querer adquirir algo sem antes usufruir disso na mente. As pessoas que não entendem como funcionam as leis do Universo trocam a ordem dos fatores, e, nesse caso, alteram o produto.

Tudo começa no sonho, no que pode ser imaginado. Nosso Eu Superior fala conosco na linguagem do desejo. De repente, surge em nós um desejo e, a partir dele, somos capazes de começar a imaginar e a sonhar com algo diferente daquilo que o nosso estado de consciência atual conseguiria conceber. É a partir daí que se inicia a nossa mudança interna, mental. Por algum tempo, vamos alimentando essas imagens mentais, até que se acumule energia suficiente ao redor dessa ideia e, assim, mudamos o estado de consciência, o que torna possível a materialização do sonho.

Por isso, antes de querer ter na sua mão, tenha antes na sua consciência. É como eu sempre digo: tem que primeiro ser para ter, porque o ter é o resultado de ser. Reflita: o que você está consciente de ser agora? Mentalmente, como se vê? Lembre-se de que é o plano superior que governa o plano inferior; é o mental que cria o material. Portanto, não se baseie nos fatos já manifestados na matéria. Isso é passado. Construa a sua nova imagem no seu plano mental — é de lá que a sua nova vida irá surgir. No seu plano mental, você deve ter o dinheiro e assumir o estado de consciência da abundância. E assim o Universo, com as suas leis naturais, vai providenciar os caminhos e os meios para trazer as oportunidades que você precisa para manifestar a condição de riqueza que assumiu no seu estado de consciência. É por isso que muitas pessoas que ganham na loteria perdem o dinheiro em pouco tempo: elas não assumiram, antes, o estado de consciência milionário.

A verdade é que você não precisa ter para ser. Tem que ser para ter. Uma vez que você, consciência neutra, assuma um estado mental, a sua vibração muda. E assim entra em ação a Lei Universal da vibração, em seu aspecto de Lei da Atração, que vai dizer: "Oba, essa pessoa aqui está vivendo um relacionamento. Mas onde está o parceiro ou a parceira? Não tem? Então espera aí que vou trazer, porque a vibração dela corresponde àquilo que ela está querendo". Esse é o pulo do gato na cocriação: não foque no que você quer manifestar, e sim no estado de consciência que vai produzir aquilo que quer cocriar. Essa é a grande sacada!

Então, como é que você deve fazer para ter a consciência da abundância? É pegar todo o seu salário e gastar? É comprar algo acima do que tem na sua conta bancária? É ir à concessionária e sair de carro novo, mesmo sabendo que as parcelas vão enforcar você? Não, não é isso. Você está focando na matéria. Tem que trabalhar a sua consciência. É por esse motivo que algumas pessoas não entendem a Lei da Atração, e dizem: "Ah, eu vou gastar todo o meu salário mesmo, porque o Universo vai trazer de volta pra mim". E se endividam completamente, em vez de usar o poder da consciência.

Lição para a vida toda: primeiro, você tem que manifestar na sua consciência. Procure manter, ao longo do seu dia, a presença da consciência que deseja manifestar: abundância, prosperidade, amor... E prepare-se: vão aparecer dinheiro inesperado, promoção no trabalho e uma série de outras manifestações na matéria. Então, não é o caso de sair gastando a sua renda atual e fazendo dívidas, por achar que o Universo vai providenciar. Não é dessa forma. É primeiro dentro de você, assumindo o estado de consciência desejado.

Uma amiga querida, Juliana Moutinho, fez isso. Hoje, ela é consultora de imagem e estilo. Mas, ao longo de sua vida, cresceu em meio à escassez, e precisou trabalhar desde cedo. E não se abalou quando surgiu a oportunidade de fazer serviços gerais num laboratório farmacêutico. Ou seja, sua função seria limpar. Só que, na mente dela, ela era uma mulher elegante. Chegava para fazer a limpeza toda na beca, usando até salto alto. E os colegas riam dela: "Para que você está aí toda arrumada, maquiada, se só vai tirar a sujeira das coisas?". Mas ela agia assim porque, dentro dela, pensava que era uma forma de alguém observá-la e chamá-la para um cargo melhor. Até que um dia, realmente, ela foi convidada para outra função. E foi crescendo a ponto de se tornar executiva e passar a viajar o Brasil inteiro representando esse laboratório. Isso aconteceu porque a Juliana tinha assumido, previamente, o estado mental de onde iria chegar.

Outra história semelhante é a da Anitta. Antes de ser a cantora famosa que conhecemos, ela já era assim dentro dela. Lá pelos 17 anos, quando ainda estagiava num banco, ela comprou as roupas de funkeira e ficava ensaiando em casa, na frente do espelho. Falava mais ou menos assim: "Eu já tenho a roupa, ensaiei os passos e treinei a minha voz. Quando me chamarem para o palco, já sei o que fazer". Ela não ficou esperando a oportunidade chegar para ser quem queria. Já era antes. Começou, também, a ser voluntária em shows de funk do Rio de Janeiro, ainda com o intuito de observar aquele universo em que sonhava entrar. Um dia, finalmente, Anitta recebeu o convite para subir ao palco. E já estava pronta, porque toda aquela realidade tinha nascido, primeiro, na mente dela.

E você, por onde anda o seu estado de consciência? Será que está sonhando ganhar na loteria? Caso sim, já sabe onde vai morar? Já sabe o que os ricos fazem com o dinheiro deles? O que os milionários vestem? Está certo que você não precisa descobrir tudo, mas precisa ter o estado de consciência de onde quer chegar. Não é necessário, agora, gastar um dinheirão com roupa, mas pelo menos se arrume. Assuma o estado de consciência de alguém que tem dinheiro. E pare com essa mania de ficar falando mal da crise e de quem é rico. Esse estado mental não vai deixar você chegar aonde quer.

O foco, então, não é no que você quer manifestar, e sim no estado de consciência que deve ter para materializar o que deseja. Procure escrever os seus desejos e pensar: "Que tipo de pessoa manifesta isso que eu quero tanto?". Em seguida, identifique os estados de consciência aos quais aquelas manifestações se relacionam e passe a senti-los. Será questão de tempo até ver as transformações em sua vida.

O que você não aguenta mais?

Para finalizar as explicações sobre a transmutação mental, vou contar uma história que aconteceu com o meu filho mais velho.

Como ele costumava fazer xixi na cama, nós colocávamos fralda noturna para evitar que o colchão amanhecesse molhado. Fizemos isso até ele ter 8 anos, apesar de ele morrer de vergonha. Até que, quando meu segundo filho estava para nascer, ele compreendeu que o irmãozinho seria um bebê e, por conta disso, iria usar fraldas. Uma noite, quando meu marido foi colocar a fralda nele, meu filho brigou feio dizendo que não iria usá-la. Então, pegou a fralda, jogou no chão e pisou tanto nela, falando em seguida ao pai, com o dedinho em pé: "Nunca mais vou usar isso! Eu não sou bebê!". A partir daquela noite, meu filho nunca mais usou fralda, nem fez mais xixi na cama. Foi uma determinação da consciência dele, com toda a força e poder da vontade. Ele deu um comando mental e a bexiga dele obedeceu.

Então, agora responda: qual é a coisa que está presente em sua vida, mas que você não suporta mais? Faça como o meu filho: jogue com força no chão e diga nunca mais! Decida ter outro estado de consciência. Eu não quero mais essa vida de escassez, de solidão, de ralação. Decida! É o ponto de virada para a mudança de um estado a outro. Você é uma consciência neutra. Assuma o poder e a determinação de alterar o estado de consciência que está usando. O nosso poder de decisão é muito forte. Permita-se mudar. Apague o passado e siga adiante.

Para atingir um estado de consciência desejado, você pode, por exemplo, se inspirar em alguém que seja a expressão física do estado que deseja assumir. Também pode utilizar imagens do que sonha, fixar cédulas de dinheiro pelas paredes de casa. São várias as formas de você ir ativando a passagem de um estado para o outro. Só que, no início, a mente vai querer voltar para o estado anterior, porque está acostumada. Mas seja persistente e mantenha a sua força de vontade para permanecer no estado desejado. Assim, pode até ser que derrape e volte ao antigo, mas será uma saída rápida do percurso e logo você retornará para o caminho certo.

 Iniciado, preste muita atenção: você está lendo um livro sobre alquimia mental. E já sabe que não é apenas o plano físico que existe. Então, está despertando e assumindo o controle da sua mente. A partir de agora, os fatores externos não controlarão mais os seus pensamentos. O comando é todo seu! A sua realidade, portanto, só depende de uma pessoa: você. Busque os estados mentais corretos e tudo vai fluir do jeitinho que almeja.

Técnica da transmutação mental com o Eu Sou

Aponte a câmera do seu celular para o seguinte QR Code, para transmutar, junto comigo, todos os seus estados mentais indesejados e se aproximar daquilo com que tanto sonha.

PARTE 4

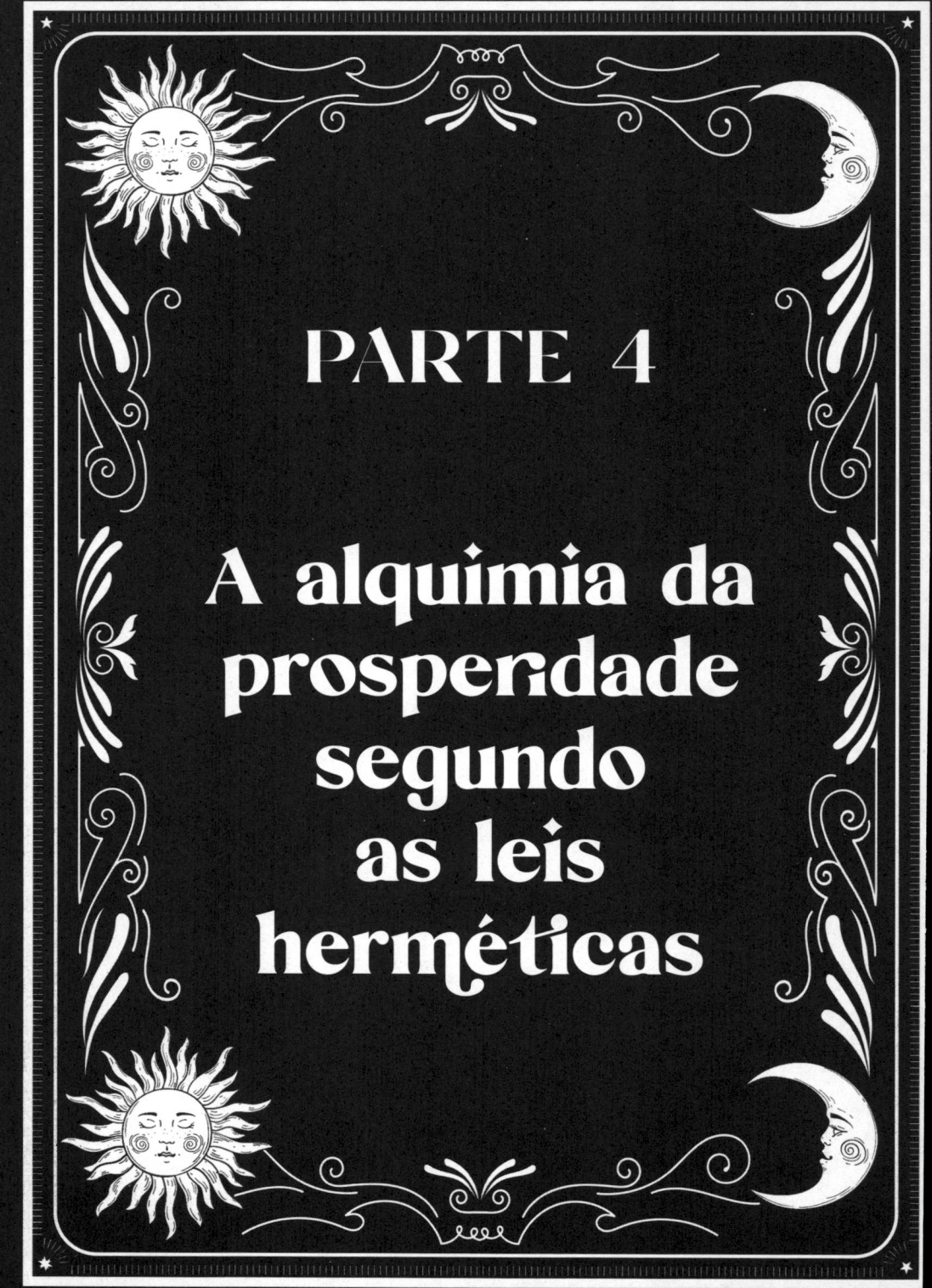

A alquimia da prosperidade segundo as leis herméticas

Agora que você já conhece as sete leis herméticas, com certeza percebeu que elas atuam em todos os aspectos da nossa experiência temporariamente humana. Assim, quando entendemos que somos capazes de criar a nossa realidade ao aplicar essas leis, assumimos o papel do alquimista para materializar tudo o que desejarmos em qualquer campo de nossa vida (amor, saúde, lazer, amizades etc.). Mas tem um deles que atrai a atenção da maioria de nós neste plano físico: a prosperidade financeira. Por isso, nesta parte, vamos focar na aplicabilidade das sete leis especificamente na área do dinheiro, para que o hermetismo possa ajudar você a ter uma vida econômica mais satisfatória.

Mas, antes de partir para a prática, você precisa entender certos conceitos que vão aproximá-lo da prosperidade. Um deles é que, segundo o *Caibalion*, existe o plano da mente mineral, ou seja, cristais, ouro e os diversos minerais têm consciência. O livro é categórico: "A mente média não quer geralmente atribuir a possessão da mente, espírito ou vida ao reino mineral, mas todos os ocultistas reconhecem a existência dela". Isso quer dizer que as pessoas em geral não acreditam que exista consciência nos objetos, numa pedra, no ouro, na prata. Mas os ocultistas sabem disso!

Sabem, ainda, que "os corpúsculos têm seus amores e ódios, suas semelhanças e dessemelhanças, atrações e repulsões, afinidades e desafinidades". O que o *Caibalion* está querendo dizer com isso? Que o ouro pode gostar ou não de você! E isso vai depender da vibração que emanarmos para ele. Ao aprender isso, entendi por que as pessoas muito ricas e prósperas gostam de ter maçanetas de ouro e outros objetos feitos desse mineral: elas dão ao ouro um lugar de honra em suas casas. E como ele tem consciência, entende quem gosta e quem não gosta dele, quem o valoriza e quem não o valoriza.

Quando li isso no *Caibalion*, pensei: "Eu tenho que ter joias de ouro!". E então passei a usar, todo dia, um cordãozinho de ouro e também comprei um potinho com ouro genuíno do Colorado. Além disso, eu converso com esse mineral. Sei que é um ser que entende quem gosta dele, quem gosta da prosperidade. E assim nos ama de volta. Já para quem vive dizendo que odeia o dinheiro e não tem um bom relacionamento com suas finanças, o ouro vai sentir repulsa. Então, sempre que puder, adquira uma peça de ouro para ter no seu corpo ou perto de você. Sei que não é barato. Mas você merece! Todo mundo merece!

Sabendo disso, você ainda precisa se preparar para a prosperidade seguindo dois passos:

1º passo – Autorresponsabilidade

Ela determina o seu nível de prosperidade. Quanto mais autorresponsável você for, mais próspero será. Pessoas que vibram na frequência da vítima — culpando a todos, menos a si — vivem na escassez. Além disso, existem graus de autorresponsabilidade: o quanto você se sente autorresponsável pela situação que vive hoje determina o seu padrão financeiro atual. Você aguarda apenas pelo salário no fim do mês ou assume a responsabilidade de criar outras fontes de renda? Espera que talvez ganhe um aumento ou toma a responsabilidade nas suas mãos e vai conversar com o patrão? Quanto mais você for comprometido com a causa, mais vai puxar a responsabilidade para si. E para que fazer isso? Para se culpar? Para se vitimizar? Não. É para dizer: "Não gostei desse resultado e alguma coisa tem que mudar!". A autorresponsabilidade é uma oportunidade para aprender e para crescer.

Então, pare com desculpas. Assuma a autoria de todos os resultados de sua vida. Se não está do jeito que você queria, a responsabilidade é inteiramente sua. E você pode mudar isso! Na revista *Forbes*, que lista as pessoas mais ricas do mundo, foi divulgado que 64% dos bilionários nasceram em famílias pobres. Isso mostra que a causalidade interior é muito maior do que a exterior. Portanto, você pode mudar a sua realidade. Mesmo que tenha nascido em um lugar horrível, numa família de abusos. Você pode mudar! Há dois caminhos a serem seguidos: ficar se vitimizando, culpando os seus pais, o sistema, seja quem for, ou dizer: "Eu escolho tomar as rédeas da minha vida!". Vale repetir: seu grau de autorresponsabilidade determina o seu grau de prosperidade. Em tudo o que você fizer na sua vida, assuma a responsabilidade.

2º passo – Alinhamento

Para ter prosperidade financeira, você precisa alinhar três aspectos:

PENSAR – SENTIR – AGIR

E como fazer isso? Tendo autorresponsabilidade sobre o que pensa e sente, e sobre como age. Esqueça aquela história de "Ah, eu só fiz isso porque a pessoa fez primeiro". Não, a responsabilidade é sempre sua. Você é quem escolhe quais são seus padrões de pensamento, seus sentimentos e suas atitudes.

Lembre-se, porém, de que tudo começa no pensar. Por exemplo, se o seu padrão de pensamento for de escassez, de vitimização, de achar que tudo é difícil, que tudo é caro, que não tem condições, naturalmente sentirá inveja e raiva. E repare que, junto com a escassez, sempre andam juntos esses dois sentimentos. Entenda que tudo o que acontece em sua vida é produzido pelo seu padrão de pensamentos, que gera sentimentos e que, consequentemente, produz resultados. Se você não está gostando de algo, mude o seu pensamento. Assim, o sentimento também vai mudar, produzindo um novo resultado.

E quanto à ação? Ela é o caldo que sobra do pensamento e do sentimento. É quando a pessoa nem pensa e age no impulso. É assim que começa o ciclo dos padrões de como está a sua vida: uma vez que você age, vai ter um determinado resultado. Esse resultado é um subproduto dos padrões de pensamentos que geram sentimentos, surgindo aquela sequência de pensa e sente, pensa e sente, pensa e sente até que explode e gera uma ação. E dessa ação vem um resultado, que pode ser positivo ou negativo.

Se os seus resultados não estão lhe satisfazendo, o problema está nesse ciclo do pensar, sentir e agir. E, como tudo começa na mente, surge a verdade: mudou a mente, mudou tudo. Não adianta querer alterar primeiro a ação, sem modificar a maneira de pensar. Senão vai ser uma ação falsa, e os pensamentos de escassez, inveja e raiva vão continuar. Um exemplo disso está naquelas pessoas que vivem reclamando dos problemas do Brasil e decidem ir para os Estados Unidos, em busca de uma vida melhor. Eu vi isso quando morei lá. Ao mudarem de país, continuam reclamando e, claro, permanecem na escassez, porque não trocam o padrão de pensamento. É por isso que tem gente vivendo na pobreza nos Estados Unidos e tem gente na riqueza no Brasil. Para elas, as causalidades externas não as afetam.

Então, quando você entende que os motivos exteriores pouco importam, toma conta da causalidade interior. E diz: "Eu sou a causa dos meus resultados e agora escolho mudar". Comece, portanto, fazendo isso: mude seus padrões de pensamentos.

Nesse sentido, que tal pensar igualzinho a uma pessoa próspera? Quais seriam os pensamentos dela? Uma dica é você fazer o processo de modelagem, criado pelo *coach* americano Tony Robbins: escolha uma pessoa rica que você admire, coloque foco na vida dela e comece a estudar quais seriam os seus padrões de pensamentos, sentimentos e ações. Depois, comece a pensar como ela.

Além disso, questione-se sobre a forma como você encara as pessoas com muita prosperidade financeira. Ao vê-las passando num carro importado, as abençoa ou fica criticando? O que você pensa do dinheiro? Acha sujo? E quando você for próspero, como acha que se sentirá? Comece a produzir em você essas sensações, mesmo que ainda não tenha uma conta milionária — e, aliás, você nem precisa disso para se sentir próspero. Pequenas ações já refletem a prosperidade, como tomar um banho de banheira com sais e espuma ou comprar o produto mais caro quando você está em dúvida entre três com valores semelhantes. O que, dentro das suas condições atuais, pode fazer com que você se sinta mais próspero? O sentimento de prosperidade está nos pequenos detalhes. Se você não consegue identificar isso, como estará preparado para chegar a ela nos grandes detalhes?

A seguir, então, prepare-se para trazer ainda mais abundância financeira para a sua vida, colocando em prática o que as sete leis herméticas nos ensinam.

A Prosperidade e a Lei do Mentalismo

Se, de acordo com a Lei do Mentalismo, a sua mente cria a sua realidade, então a responsabilidade de mudar a sua vida financeira começa nos seus padrões de pensamento. Não tente mudar o seu mundo físico ainda. Mude primeiro o plano mental e, naturalmente, o seu plano físico vai se adequar ao seu mundo não físico.

Dentro da primeira lei hermética, você já deve ter entendido que, ao fechar os olhos e visualizar imagens, está de fato criando a matéria. O verdadeiro mago entende que a imaginação cria a realidade. Então, quais são os seus padrões de pensamento? São de abundância e prosperidade ou de preocupação por não ter? Caso sejam de escassez, está na hora de tirar o foco do mundo físico e passar a bola para o não físico, até que os dois entrem em congruência. E não tem outra escolha! É lei: o mundo mental determina o mundo físico. Não é o contrário, como a maioria pensa. Se os seus padrões de pensamento estão bagunçados, a sua vida vai ser bagunçada.

Seja sincero: como está a sua casa agora? Alguém pode ir visitá-la ou ela está toda desorganizada e suja? Fique atento a isso, porque o mundo físico revela o mundo mental. E atenção: ser pobre financeiramente não quer dizer que a casa seja sempre uma bagunça. Há pessoas que estão na pobreza por causalidades externas. Eu tive uma amiga assim, quando tinha uns 12 anos. Ela vivia numa casa de madeira bem humilde. Mas era um brinco: tudo arrumadinho, cera brilhando no chão, paredes pintadinhas... E as outras casas da rua eram também de madeira, mas todas feias, com mato crescendo. Aquilo me marcou muito.

E o que aconteceu com a minha amiga quando ela cresceu? Ficou lá naquele lugar? Não. Hoje eu vejo fotos dela nas redes sociais viajando para o Rio de Janeiro, para as Cataratas do Iguaçu. Uma garota que saiu da comunidade! E hoje está lá toda bonita, formada, tirando fotos na academia. Tudo começou na mente. A organização mental se reflete na forma como a pessoa organiza o ambiente em que vive.

Eu conheço uma senhora muito querida, mas que vibra no padrão de escassez. Eu ia de vez em quando à casa dela e reparei que as louças eram quebradas, desbotadas. Então, dei de presente para ela um jogo de louças novinho. Sabe o que ela fez? Guardou as peças novas e continuou usando as velhas. Disse: "Para que eu vou usar essas se as minhas ainda estão boas?". Ou seja, ela só iria trocar seus pratos e travessas quando os antigos se espatifassem.

Recentemente, vivi uma situação semelhante. Ao notar que a bolsa de uma gentil e dedicada diarista que fazia faxina em minha casa estava bem velha e desgastada, pensei em comprar uma nova para lhe dar de presente. Mas antes lhe perguntei de qual cor ela gostaria. E então veio a resposta: "Nenhuma!". Ela me disse que não queria ganhar uma bolsa nova porque andava de metrô e tinha medo de ser assaltada, e com aquela surrada não se tornaria alvo de bandidos. Isso me fez refletir bastante. Percebi que, realmente, há sempre uma causa mental para as pessoas serem do jeito que são e terem o estilo de vida que têm. Nós é que, ao olharmos de fora, pensamos que podemos alterar externamente aquilo que só pode ser mudado internamente, nas crenças e nos medos de cada um.

Esses são apenas alguns exemplos daquilo que você já sabe: tudo começa na mente. Mude sua mente, mude sua realidade. Valorizar a sua imaginação vai ser muito importante para a sua prosperidade. Então, visualizar-se sempre com abundância financeira é o primeiro passo para chegar lá.

A Prosperidade e a Lei da Correspondência

Pense no axioma desta lei, que diz que tudo o que está em cima é como o que está embaixo, e responda: você acha que a fonte da riqueza está no Banco Central, só porque é lá que se imprime o dinheiro? Negativo! A origem da abundância se encontra no grande plano espiritual. É onde a Fonte Criadora está, atuando como a matriz do que desce em formato físico. Inclusive, dinheiro. Se acabar o ouro, o Todo faz mais. Se acabarem as cédulas, Ele também faz mais. É uma fonte inesgotável, infinita, eterna.

Então, não pense que o dinheiro vem do seu patrão, do banco ou do governo. Isso é apenas resultado. A quantidade de dinheiro que existe em um país é a mesma quantidade de dinheiro na mente das pessoas daquele país. Mas como acessar essa Fonte que se encontra no plano espiritual? Você já sabe: através do plano mental. Esta será a sua ponte até o Todo. É por isso que os seus padrões de pensamento vão determinar os resultados em sua vida.

Diariamente, é muito importante você se conectar à Fonte Criadora. Por isso, vou ensinar uma técnica simples para você:

Exercício

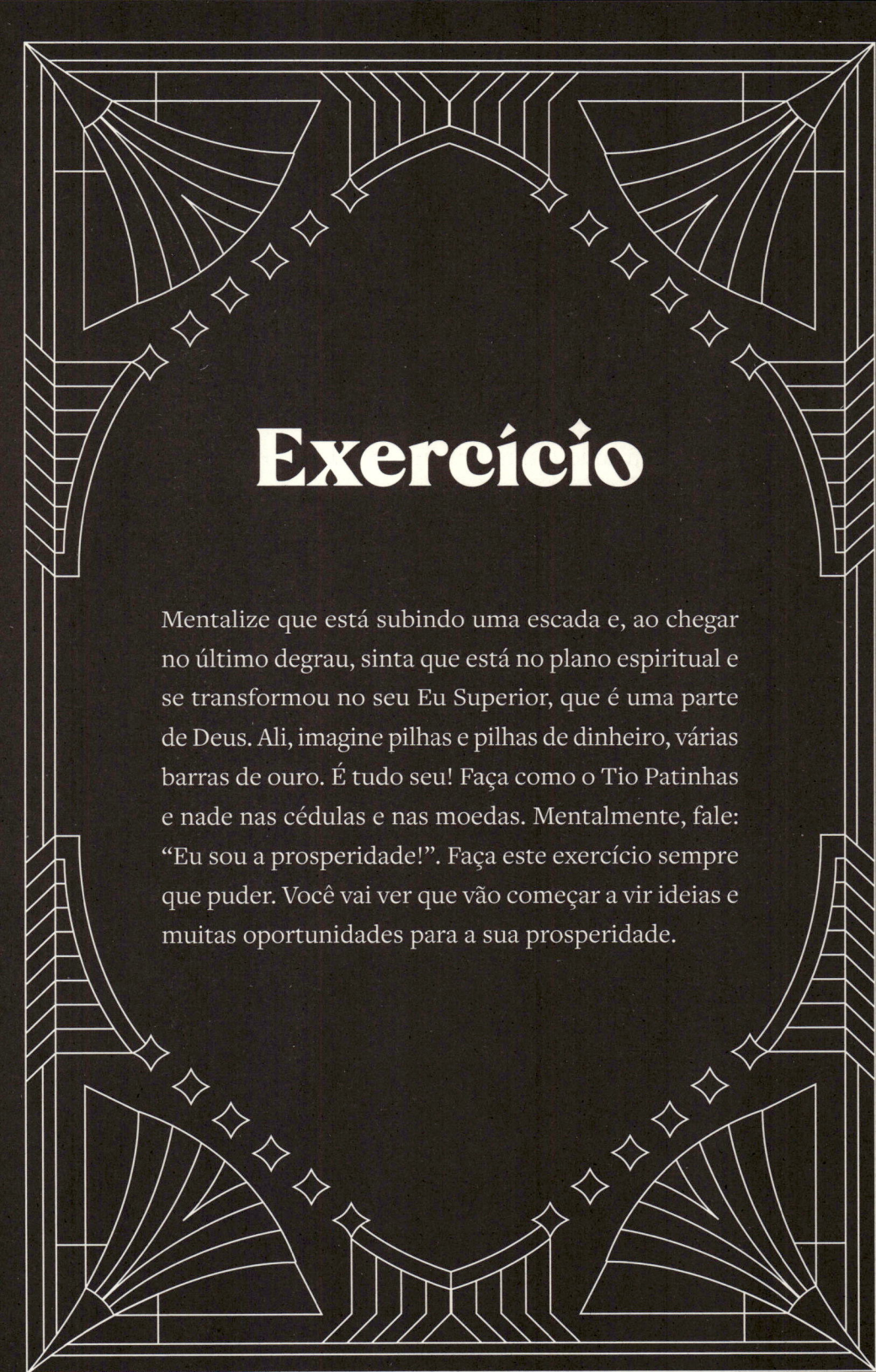

Mentalize que está subindo uma escada e, ao chegar no último degrau, sinta que está no plano espiritual e se transformou no seu Eu Superior, que é uma parte de Deus. Ali, imagine pilhas e pilhas de dinheiro, várias barras de ouro. É tudo seu! Faça como o Tio Patinhas e nade nas cédulas e nas moedas. Mentalmente, fale: "Eu sou a prosperidade!". Faça este exercício sempre que puder. Você vai ver que vão começar a vir ideias e muitas oportunidades para a sua prosperidade.

A Prosperidade e a Lei da Vibração

A Lei da Vibração, como você já sabe, fala que nada está parado. Não existe estabilidade. Ela nos lembra que temos que nos colocar em movimento. O que acontece com a água parada? Cria lodo, larvas, mosquito da dengue... E o dinheiro parado, o que vai acontecer com ele? Você nunca ouviu histórias de pessoas que guardaram tudo o que tinham no colchão e a casa pegou fogo? Ou alguém que guardou, guardou, guardou o dinheiro, sem nem saber por que estava guardando, só com medo de acabar, e de repente aconteceu um problema muito sério na família e foi preciso gastar todo esse valor? Ou então é o ladrão que entra na casa e rouba... Isso acontece porque a Lei da Vibração exige que você saiba o que vai fazer com esse dinheiro poupado.

Vou usar o exemplo bíblico do maná para que você entenda melhor. De acordo com as escrituras, o maná era um alimento produzido milagrosamente por Deus, para que o povo hebreu — conduzido por Moisés — conseguisse atravessar o deserto até a Terra Prometida. Porém, havia uma regra: as pessoas só poderiam pegar a quantidade suficiente para alimentar a sua família por um dia, porque na manhã seguinte haveria mais. Mas o que acontecia? Elas não confiavam e, desobedecendo às ordens de Deus, guardavam um pouco para o outro dia. Mas, quando o Sol raiava, os manás estavam cheios de vermes e não prestavam para serem consumidos.

Os cabalistas, que interpretam a Bíblia de forma oculta e simbólica, contam essas histórias com um fundo de moral para

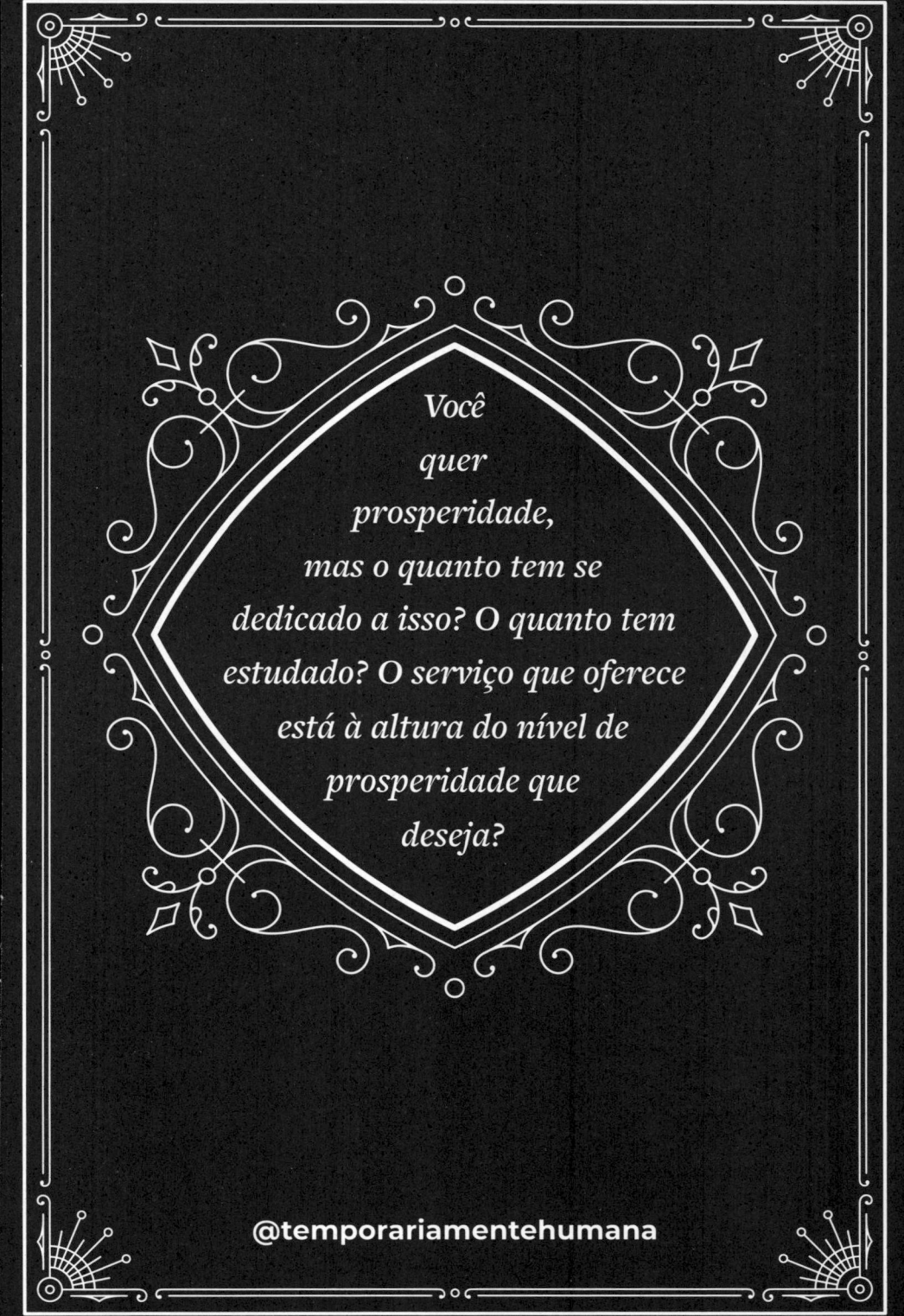

Você quer prosperidade, mas o quanto tem se dedicado a isso? O quanto tem estudado? O serviço que oferece está à altura do nível de prosperidade que deseja?

@temporariamentehumana

nos ensinar o quê? Que o Universo sempre provê para nós. A sensação de escassez que os hebreus sentiam ao acumular o maná era desobediência à Lei da Vibração. Eles queriam deixar estocado, com medo de faltar. E você, faz isso com o seu dinheiro ou o coloca para vibrar? Afinal, o dinheiro é uma moeda parada ou uma moeda corrente? Corrente! Ele tem o fluxo de ir e vir. Então, primeiro você coloca a sua energia para ganhar o dinheiro. Depois, precisa gastá-lo.

Mas responda: você gasta com pena, não querendo soltar? Ou dizendo: "Não são contas, e sim bênçãos a pagar"? Você tem uma casa, energia elétrica, comida, roupas. Pague tudo isso com gosto! É claro que também pode guardar dinheiro. Só que você não deve fazer isso porque tem medo de perder. Guarde com algum objetivo, em algo que queira investir. Esse é o ciclo do dinheiro na Lei da Vibração.

Além disso, nesta lei hermética, você recebe de acordo com o que merece. Não há exceção para ninguém. E o quanto de energia, de força, na escala de vibração você está colocando? Quando eu falo em "força", não estou dizendo que é para você ganhar dinheiro se esforçando. Senão, todos os pedreiros do mundo, que trabalham muito duramente, seriam os mais ricos entre todos. Eu estou me referindo a uma energia inteligente, com a qual você saiba o que está fazendo. Tem que ter propósito. Caso contrário, fica apenas no ganha, gasta, ganha, gasta... E não tem para onde crescer.

Quando você guarda dinheiro sabendo qual é o motivo, a Lei da Vibração vai respeitar isso, porque sabe que, em breve, você vai colocar aquele dinheiro para funcionar. E, nesse aspecto, melhor ainda se guardar e investir. Isso porque a quantia aplicada não ficará parada, e sim acumulando juros compostos. É dinheiro em movimento!

Para completar, quer uma dica para conseguir um aumento de salário? Basta realizar o seu serviço oferecendo mais do que a sua obrigação. Comece a se tornar a pessoa mais grata da empresa, a desempenhar as suas tarefas de maneira impecável. Tudo o que puder fazer a mais dentro do seu horário de trabalho, entregue com valor, satisfação e energia, e isso voltará para você. Assim não reivindicará nada ao seu patrão, e sim diretamente ao Universo, graças à Lei da Vibração. Mas atenção: não adianta realizar as tarefas a mais mecanicamente, só porque eu falei para fazer. Você tem que colocar o verdadeiro sentimento alquímico da gratidão e da satisfação, para que não seja algo que queira transformar só no plano físico, na ação.

Então, com base na Lei da Vibração, como é que uma pessoa que fica sentada o dia inteiro pode dizer "Ah, vou só mentalizar e aí tudo vai acontecer"? Ela não está vibrando alto na escala. Está na frequência da preguiça, bem longe da vibração elevada necessária para ganhar a quantidade de dinheiro que ela deseja.

Você quer prosperidade, mas o quanto tem se dedicado a isso? O quanto tem estudado? O serviço que oferece está à altura do nível de prosperidade que deseja? Tudo isso afeta a energia e a força que você coloca. Com certeza, os seus resultados financeiros hoje estão equivalentes à sua força e energia. E aí você pode pensar: "Ah, May, mas eu trabalho tanto". Porém, lembre-se: pensamento, sentimento e ação. Talvez a sua ação esteja muito forte, mas o seu padrão de pensamento não se mostre congruente a isso. Nesse caso, você pode usar a força, mas não vai dar resultado algum, porque esses três aspectos precisam estar alinhados.

A Prosperidade e as Leis da Polaridade e do Ritmo

Para você entender melhor, vou explicar essas duas leis juntas. A Lei da Polaridade diz que os opostos se encontram. Tudo é a mesma coisa, com polos diferentes e, entre eles, graus. Aplicando isso à abundância financeira, de um lado está a prosperidade; do outro, a escassez. E nessa escala existem graus de prosperidade e graus de escassez. Por isso, se você usar um pouco de gratidão, talvez veja que a sua vida não está tão escassa assim, passando a enxergar os fatos de uma perspectiva diferente.

Certa vez, ao receber uma pergunta de uma aluna, percebi que era importante explicar que precisamos olhar para a manifestação de dinheiro em nossas vidas sob a ótica da Lei da Polaridade, porque assim seremos mais gratos pelo que temos e perceberemos que nossa situação não é tão ruim quanto parece. Ela perguntou: "Como uma pessoa que se encontra na extrema escassez pode evitar que os problemas externos atrapalhem a sua evolução?". Respondi com outra pergunta: "Primeiramente, o que você entende por extrema escassez? Alguém que está nesse grau dificilmente estaria usando um celular com internet. Estaria mais preocupado com a sua sobrevivência, já que não teria onde morar, nem o que comer".

Consegue perceber como a nossa mente torna as coisas piores do que realmente são? Os graus de escassez são vivenciados primeiro na mente e, em seguida, pela Lei da Correspondência, se manifestam na vida da pessoa. Você só vai atrair ainda mais dificuldades materiais se continuar se vendo mentalmente como alguém que está na extrema escassez. Acredite: por pior que pareça, você não está assim. Alguém que realmente está vivenciando isso se encontra em modo de sobrevivência e não tem condições psicológicas de pensar em estudos sobre expansão da consciência. Nesses casos, a pessoa recebe ajuda espiritual da própria Centelha e do Universo para garantir que ela permaneça viva e tenha suas necessidades básicas supridas. Mesmo assim, a capacidade de absorver algum aprendizado dessa experiência é muito limitada, porque a energia e o foco dela estão totalmente em sobreviver.

Para mudar de uma polaridade à outra, é preciso fazer a transmutação mental. E, para isso, é essencial ter a capacidade de manter a atenção em algo além de seus problemas. Você faz a transmutação quando tira o foco da polaridade negativa e coloca na positiva. É preciso fazer com que sua mente pare de focar nos problemas e passe a enxergar o que você já tem de positivo. Use a visualização para vivenciar a prosperidade desejada e começar a encontrar aspectos positivos em sua vida hoje!

Isso é alquimia mental! Mas requer prática e persistência. Lembre-se de que a primeira grande lei é o Mentalismo: a sua mente cria a sua prosperidade. Como você se vê mentalmente? Você acredita no seu poder mental? A prosperidade começa na mente!

Agora, vamos falar sobre a Lei do Ritmo. Ela nos informa que existe o pêndulo do Universo, indo de um lado ao outro nessa escala de polaridades. E ele atua, também, na nossa prosperidade, justificando porque, em alguns momentos, estamos bem financeiramente e, em outros, somos mais desafiados. Sendo assim, as suas dificuldades financeiras são proporcionais ao seu grau de prosperidade. Por exemplo, se o dono da Amazon passar por problemas em suas finanças, não vai ser falta de dinheiro para comprar um sorvete, e sim dívidas bilionárias, proporcionais à riqueza dele. Será muito pesado para ele lidar com essa volta do pêndulo.

O fato é que as dificuldades financeiras de uma pessoa que ganha R$ 10 mil ao mês não vão ser as mesmas de quem ganha um salário-mínimo. Então, às vezes você fica pedindo: "Eu quero muito, muito, muito dinheiro!". Mas e a preparação para isso? Porque o pêndulo volta. Mais uma vez eu digo: é por isso que muitas pessoas que ganham na loteria não estavam preparadas para isso e, depois de um tempo, a queda é muito alta e perdem tudo. Então, desejar prosperidade numa escala bem maior do que a sua atual exige coragem para ter que enfrentar a volta do pêndulo.

Uma aluna, certa vez, me contou que saiu de uma situação de escassez e hoje vive em prosperidade. E daí perguntou, preocupada: "Poxa, pela Lei do Ritmo, eu vou voltar a ser pobre?". Não, não vai! Porque agora ela adquiriu um novo padrão vibracional mais elevado. Vai ter dificuldades? Vai, porque é normal. Afinal, o pêndulo está balançando. Só que estar preparado para essas dificuldades é o grande segredo dos iniciados que praticam a transmutação mental. Agora que você já entende que, pela Lei do Mentalismo, a Fonte Criadora não é visível, e sim invisível, perde o medo do pêndulo. Isso porque sabe que, se precisar de mais, basta acessar a Fonte mentalmente e a manifestação física virá.

É por esse motivo que o crescimento financeiro saudável é gradativo. Um tempo atrás, eu pensei assim: "O que eu quero na minha vida para me sentir uma pessoa próspera?". Aí eu listei todas as coisas que eu queria para mim e minha família, e fui anotando os valores. Cheguei, então, ao total de R$ 12 mil ao mês. Na época, eu ganhava R$ 3 mil. Comecei a mentalizar, rezar, correr atrás. E aí subi para R$ 6 mil, depois para R$ 8 mil, até que cheguei ao valor que queria. Foi o suficiente? Não, porque a gente sempre quer mais. E então aumentei a meta para R$ 20 mil, depois R$ 30 mil. Fui crescendo gradativamente.

Mas imagine o que teria acontecido comigo se eu saísse de um salário de R$ 3 mil diretamente para o de R$ 30 mil? Eu não teria sabedoria, preparação, e o pêndulo iria voltar com muita rapidez para tirar aquilo que não era normal à minha vibração. Rapidamente, me faria voltar para os R$ 3 mil. Mas, quando você cresce de forma gradativa, dribla o pêndulo. Evite colocar metas muito altas, porque a tendência é você se frustrar.

É por isso que a pessoa que realmente tem a mente milionária pode até ser derrubada pelo pêndulo e perder boa parte do que tem, porque ela constrói tudo de novo. É o padrão mental dela que determina o resultado no físico. Então, coloque o pêndulo para funcionar a seu favor.

A Prosperidade e a Lei de Causa e Efeito

Por que esta lei é tão perfeita para entendermos a questão da prosperidade? Porque é natural que a maioria das pessoas ainda acredite que exista sorte, azar, privilégios. Você pode pensar: "Nossa, eu queria tanto ter a sorte da fulana". Mas, na verdade, toda riqueza tem uma causa. Prosperidade é efeito, e não causa.

Quando você vir prosperidade em algum lugar, saiba que aquilo é apenas o efeito, o resultado de causas que você desconhece. São fatores que vão além do nosso entendimento e conhecimento. Não temos como conhecer todas as causalidades, porque são várias e atuam em diferentes aspectos da nossa vida. Só quem sabe delas é o nosso Eu Superior e, claro, o Todo. Mas, na área da prosperidade, é possível citar algumas delas. Entendê-las vai ajudar você a construir, deliberadamente, os efeitos desejados. Vamos lá:

Meio – Uma pessoa que nasce numa família muito rica, aprendendo desde cedo sobre informação financeira, tem muito mais probabilidades de se tornar próspera por si só. Já para outras, em vez de ser uma benção nascer num berço milionário, pode ser uma maldição, porque não aprendem a valorizar os bens materiais que possuem e não entendem que precisam conquistar as coisas. E ainda há aquelas que nascem num ambiente totalmente conturbado e desfavorável financeiramente, mas cultivam dentro de si essa vontade de vencer, de sair daquele meio. Ela tem força para mudar.

Família – O que a sua família pensava e falava sobre dinheiro? Era difícil? Era assunto de briga na sua casa? Isso tudo também gera um efeito na sua vida financeira. Eu me lembro perfeitamente da primeira vez em que a escassez entrou na minha vida. Quando eu era criança, fiquei uns dois meses dedicada a encher um cofrinho com moedas, porque achava que, assim, ficaria rica. Eu via os desenhos, em que apareciam moedas em tesouros, então achava que, se eu tivesse uma boa quantidade delas, seria próspera. Na época, nós morávamos numa casa de madeira e eu, inocentemente, levei o cofrinho cheio até o meu pai e disse: "Olha! Agora a gente pode comprar uma casa maior. Estou muito rica e vou ajudar todo mundo!". Ele respondeu: "Ô, minha filha, isso daí não vale muita coisa. São só uns trocados". Eu chorei tanto, porque eu achava que estava rica. Todo aquele meu esforço de meses não tinha valido nada...

Já adulta, e com todo o conhecimento que tenho hoje, fiz uma mentalização em que me vi indo até o meu eu criança, que estava se sentindo totalmente pobre e sem esperança, e a abraçava, dizendo: "Você é muito próspera! Você é abundante!". Falei para ela tudo o que eu queria ter escutado naquela ocasião, mas ninguém disse.

Fica uma dica aqui: se você tem filhos, sobrinhos ou lida com alguma criança no seu dia a dia, nunca seja a porta de entrada para escassez na vida dela. Uma vez, estava embarcando num avião e vi um filho puxar a mãe em direção à primeira classe, alegando que as poltronas eram maiores. E ela: "Vai sonhando que um dia você vai se sentar aí. É só para os ricos". O menino rebateu, e disse que, quando ele crescesse, iria sim! E a mãe continuou o desestimulando.

Então, cuidado. Preste muita atenção a como tem se referido sobre dinheiro em seu meio familiar e, sobretudo, faça uma autorreflexão de quando foi a primeira vez que a escassez entrou em sua vida. Limpe isso imaginando o seu eu de agora indo até o seu eu do passado, o abraçando e falando palavras de prosperidade, de cura.

Conhecimento – O que expande a nossa consciência? O conhecimento. Se uma pessoa sabe como investir na Bolsa de Valores, consegue gerar riqueza para ela. Mas, se ela não possui esse aprendizado, não tem como ganhar dinheiro na Bolsa. A prosperidade, portanto, está ligada ao conhecimento. No livro *Os Segredos da Mente Milionária*, de T. Harv Eker, o autor aconselha a separar 10% do nosso salário todo mês para investir em cursos, livros, treinamentos. Ele diz que conhecimento é dinheiro. Compreenda: quanto mais ignorante a pessoa for, mais escassa ela será. Quanto mais buscar educação, mais próspera. Então, se você quiser o efeito prosperidade em sua vida, precisa investir nessa causa: o conhecimento. Mas conhecimento aplicado que vai ser útil para você, que vai ajudá-lo a chegar aonde você deseja.

Vidas passadas – O que faz uma pessoa nascer numa família multimilionária, num país de primeiro mundo, e a outra nascer miserável, no interior da Amazônia? Essa resposta também está no *Caibalion*, quando o livro fala que nossas vidas anteriores determinam a família em que nascemos, o meio em que vivemos e o nível de consciência que trazemos para esta existência. Segundo a filosofia hermética, uma pessoa que nasce numa família rica muito provavelmente já foi, em outra vida, de classe média alta, e emanou o desejo de ter mais riquezas, de viver com ainda mais abundância. Isso porque, se você adquire um certo grau de conhecimento, não vai vir na próxima vida com menos do que já é.

Pense agora numa pessoa que nasce e vive numa comunidade ribeirinha. Ela não sabe o que é internet, Bolsa de Valores, muito menos Estado Unidos. E então você diz a ela: "Se vire, porque agora você vai governar o país mais poderoso do mundo". Não há meios de uma pessoa que nasceu nessas condições, com essa discrepância de consciência, conseguir, em uma vida, dar um salto desses. Demora muito mais do que uma vida para que você construa certas coisas.

Por outro lado, tem pessoas como Elon Musk, que aos 12 anos já era um gênio. De maneira autodidata, nessa idade, ele programou e vendeu um jogo para videogame. Aos 30 anos, já era um milionário. Em 2022, aos 50 anos, ele se consagrou como o homem mais rico do mundo. A causalidade das vidas passadas, portanto, explica as altas habilidades que muita gente traz de preexistências.

Aceite que tudo o que fazemos e todos os nossos pensamentos geram consequências para nós além desta vida. Em *O Livro*

Alquímico de Saint Germain, este mestre ascensionado ensina que, em nossas orações, devemos afirmar "Eu quero nascer numa família de luz". O objetivo é fazer com que, em nossa próxima existência, possamos fazer parte de uma família do bem. Mas sem esquecer que não adianta só rezar. Isso vai depender da vida que vivemos hoje.

Vontade – Inúmeras pessoas são levadas como um barco à deriva em meio à sociedade em que vivem, à família, às opiniões dos outros, ao que a mídia fala. Falta a elas a vontade própria, que é algo que nos liberta de todas as outras causalidades. Com uma vontade forte, você não se torna mais um escravo do meio, um barco à deriva. Você pega o leme do seu barco, torna-se o capitão do seu navio.

Então, tenha uma vontade, uma razão pela qual prosperar. Qual a sua motivação para vencer todas as outras causalidades? Não importa em que família você nasceu, em que meio cresceu, em que cidade está. Se possuir uma vontade própria muito forte, tenho certeza de que o seu Eu Superior vai ajudá-lo e você conseguirá mudar a sua situação. Isso porque a vontade é uma causalidade interior capaz de ser superior a todas as outras causalidades.

A Prosperidade e a Lei do Gênero

Assim como tudo é produzido a partir da união da energia masculina e feminina no Universo, o dinheiro e a prosperidade também. E, entendendo como usar essas duas energias, você conseguirá manifestar sua abundância financeira.

Vamos lembrar que a energia feminina é a que gera, produz. E a masculina, a que semeia, inicia algo. Além disso, existe o gênero mental: mente consciente (masculino) e mente subconsciente (feminino). A vontade, a força, a determinação e a garra vêm da sua mente consciente. Sabe por que muitas pessoas falam "Eu quero prosperar sim!", mas nunca chegam lá? É porque elas não têm uma energia masculina forte, uma mente consciente forte. Diante dos primeiros obstáculos (crises financeiras, adversidades da vida, opinião de outras pessoas), abandonam o navio e desistem.

Então, a primeira dica para você prosperar utilizando a Lei do Gênero é ter uma mente consciente forte. Seja determinado nas suas decisões, sabendo exatamente aonde quer chegar. Diga: "Eu não largo o leme do meu navio para ninguém. E se vierem ventos contrários, eu resisto!".

Outro aspecto que você precisa considerar dentro da sétima lei hermética é que tudo aquilo que põe dinheiro no seu bolso (as suas fontes de renda) é a energia feminina, que produz a sua prosperidade. Pode ser o seu salário, o seu negócio, aluguéis, faturamento de cursos on-line. São as suas galinhas dos ovos de ouro — e lembre-se de nunca colocar todos os ovos no mesmo cesto, porque senão vem o pêndulo e bagunça tudo. Para prosperar, você precisa cuidar muito bem das suas fontes de renda. Procure sempre amá-las e abençoá-las, porque é delas que vem o seu sustento.

Quantas pessoas sabotam o seu próprio princípio feminino amaldiçoando seus empregos? Dizendo que é uma desgraça, é horrível, é uma escravidão. Falam tão mal daquilo que produz o ganha-pão delas, e depois são despedidas e não sabem o porquê. O fato é que criaram uma energia tóxica, que acabou levando à demissão. Por isso, mesmo que você não goste do seu emprego, comece a abençoá-lo. Você vai ver que vai crescer ainda mais. E pode ser que uma outra empresa apareça interessada em contratá-lo.

Um exemplo disso aconteceu com um amigo meu, que trabalha como motorista de aplicativo. Eu encontrei com ele, que me contou que estava muito bravo porque seu carro havia quebrado e tinha que ir para a oficina. Ficou xingando o veículo, dizendo que era uma porcaria. Então eu falei para ele: "Poxa, o carro está doente. Já investiu tanto a energia dele para produzir o seu ganha-pão, que acabou se desgastando. As peças dele foram levadas ao extremo para te ajudar. E agora você fica com raiva dele? Você ficaria com raiva se o seu filho ficasse doente?".

Na mesma hora, ele me respondeu: "Nossa, May, muito obrigada! Eu não tinha pensado dessa forma". Ele se sentiu mal

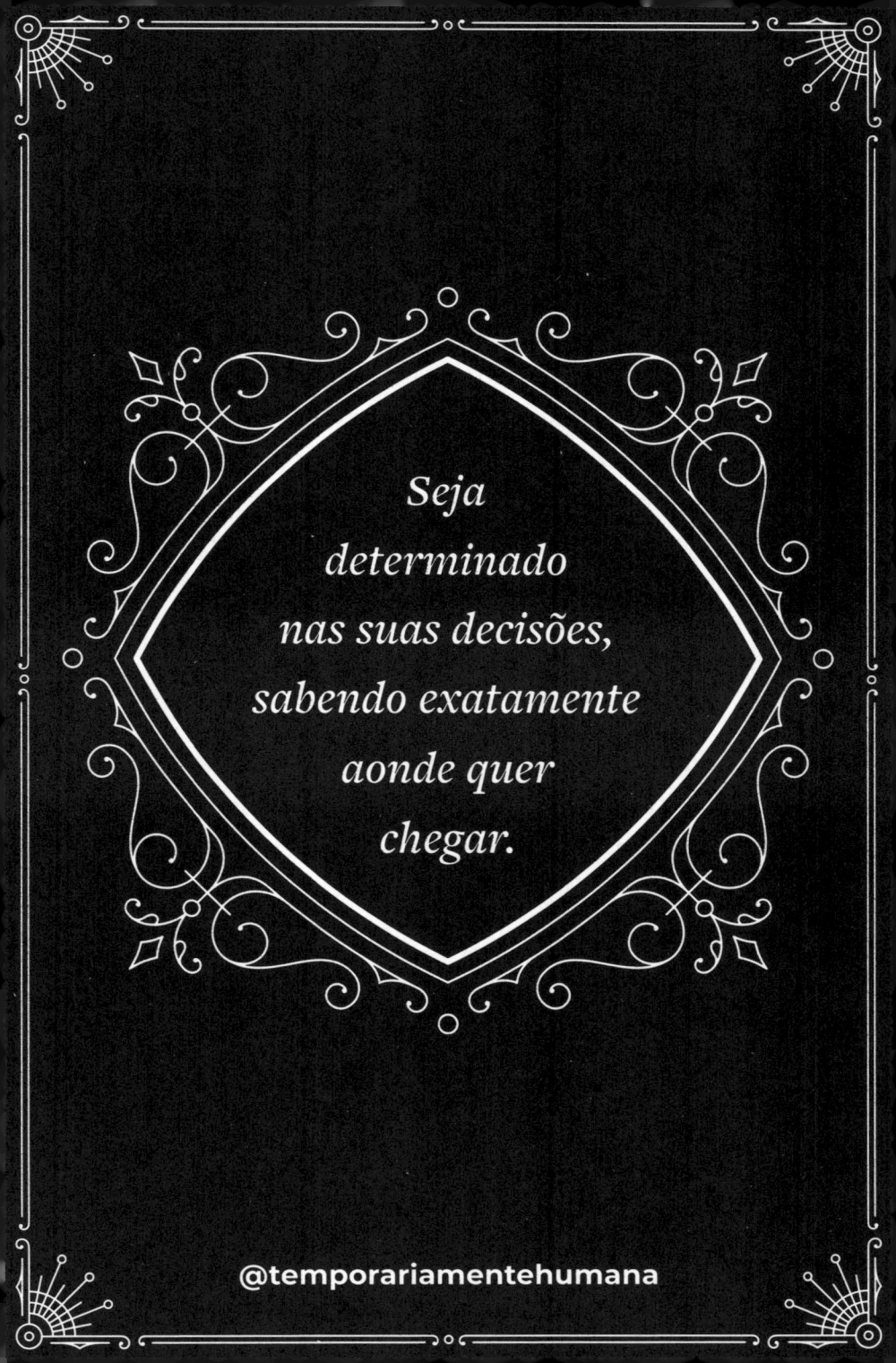

Seja determinado nas suas decisões, sabendo exatamente aonde quer chegar.

@temporariamentehumana

por ter agido daquele jeito. Tempos depois, me contou que, agora, sempre que pega ao volante fala: "Vamos lá, amigão, trabalhar! Eu cuido de você. Muito obrigado por me ajudar". Resultado: ele disse que o carro ficou muito bem depois que saiu do "hospital" e que as corridas começaram a melhorar.

Então, não maltrate a sua galinha dos ovos de ouro. De tempos em tempos, eu tenho que cuidar dos meus cursos, do meu negócio. Se você aluga apartamentos, tem que cuidar deles, porque é de lá que vem o seu sustento. Se você é motorista, tem que cuidar do seu carro. Comece a tratar as suas fontes de renda como se fossem, realmente, galinhas de ovos de ouro, porque isso tem um poder alquímico fortíssimo. Se você as amaldiçoar, elas vão ressecar e morrer.

E qual é o princípio masculino que se contrapõe às suas fontes de renda? É você próprio! É quem faz tudo acontecer. Você é o responsável por lançar as boas sementes. No seu trabalho, por exemplo, tenho certeza de que se começar a nutrir, de verdade, a energia da gratidão e do amor, vai fazer as suas tarefas de forma muito mais produtiva. E isso vai chamar a atenção das pessoas lá dentro. Duas coisas podem acontecer: ou você vai ser promovido e ganhar um aumento ou vai aparecer uma nova oportunidade com ganhos maiores. É alquímico: você cria a sua realidade com os seus pensamentos e sentimentos. Então, entre com a sua energia masculina, dando sempre o seu melhor, para que os resultados no seu feminino (nas fontes de renda) possam crescer abundantemente.

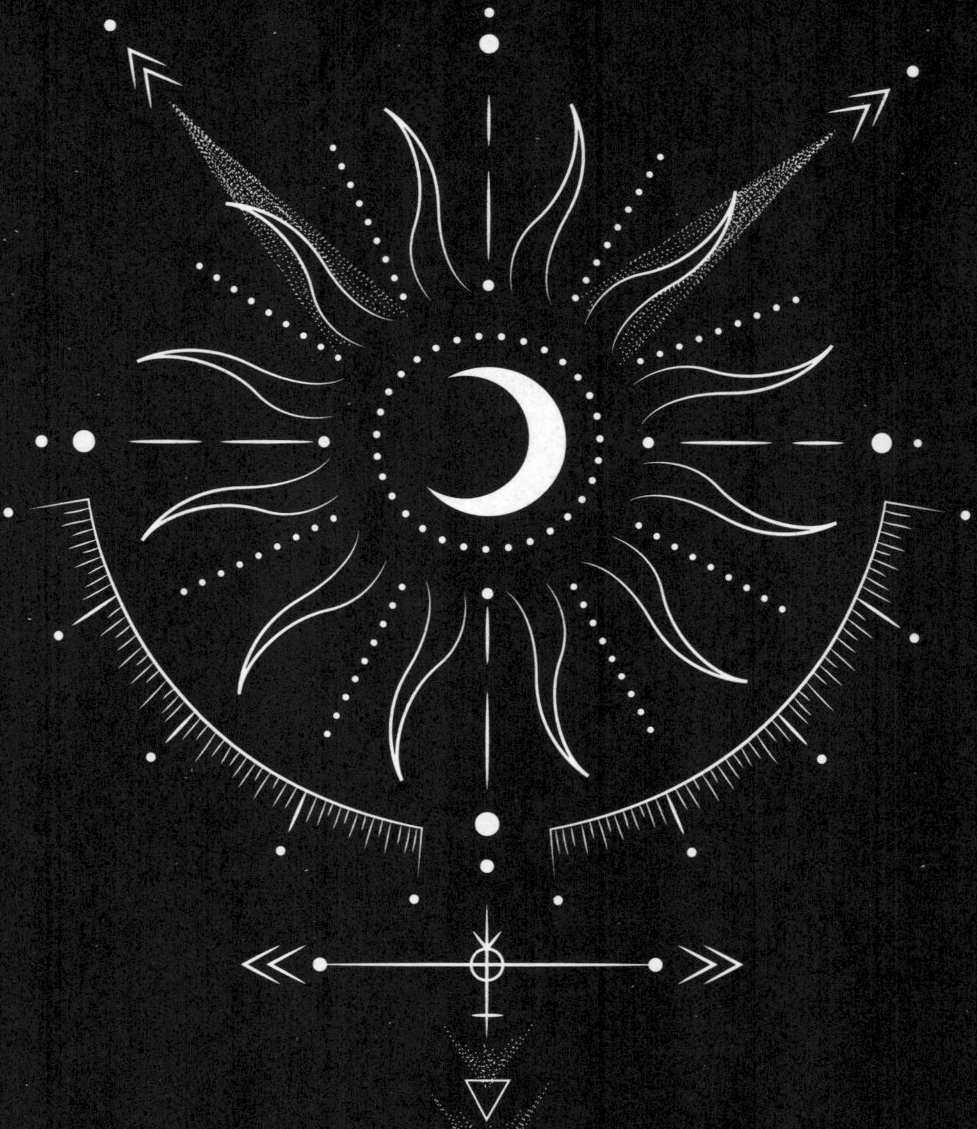

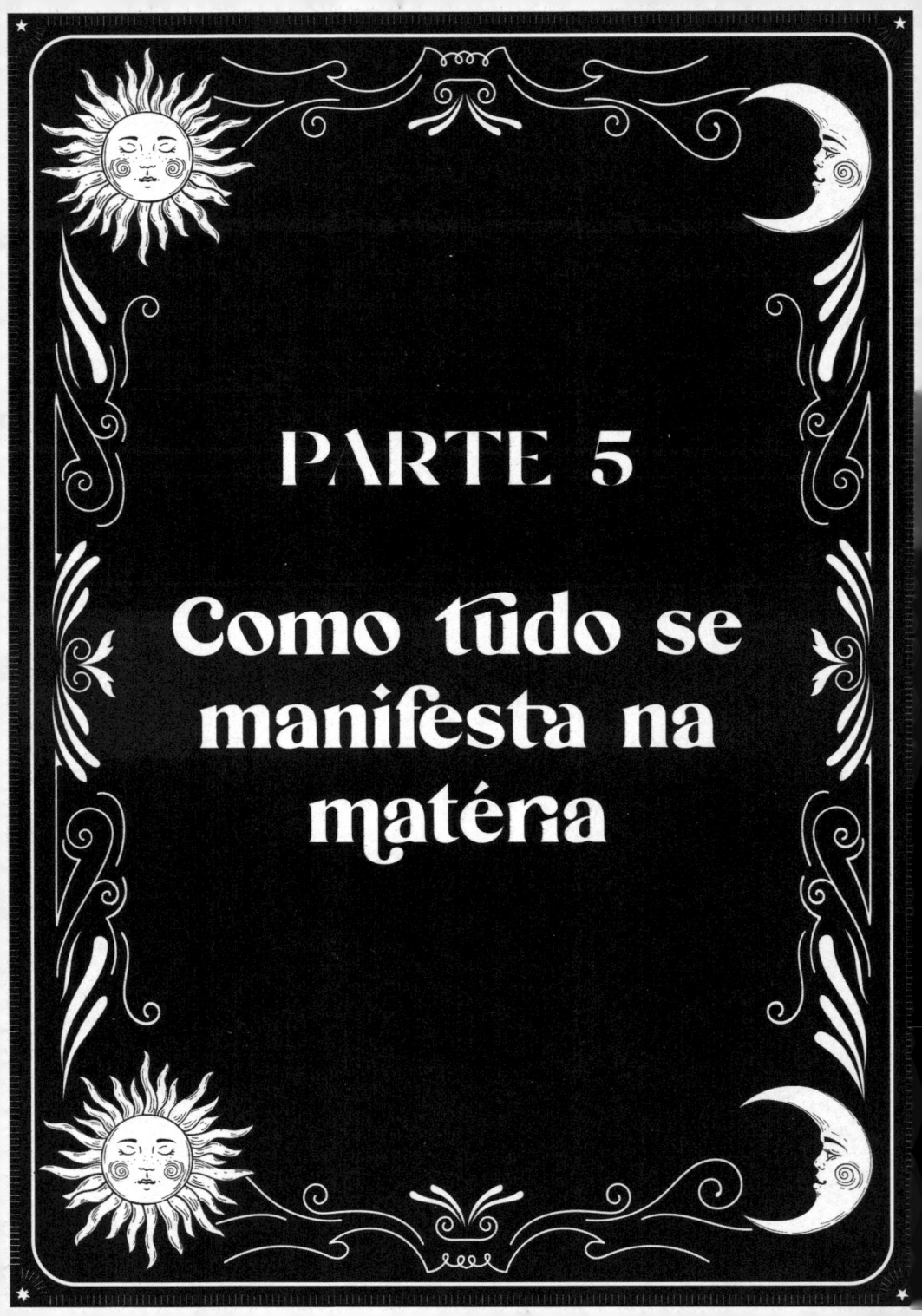

PARTE 5

Como tudo se manifesta na matéria

Até este momento do seu **Manual do Alquimista Moderno,** já deu para perceber o quanto o destino da sua vida está em suas mãos. Você aprendeu a manipular energias, a usar a sua mente, a controlar as emoções e a transmutar os estados indesejados para desejados. Mas ainda precisa compreender melhor os segredos que fazem a mágica acontecer. Como, exatamente, aquilo que começou como um simples pensamento se transforma na casa dos seus sonhos, no amor da sua vida, no trabalho super bem-remunerado?

Para responder a essa pergunta, vou compartilhar com você um ensinamento que aprendi com os Abraham, a respeito dos três passos para a criação da realidade. São eles:

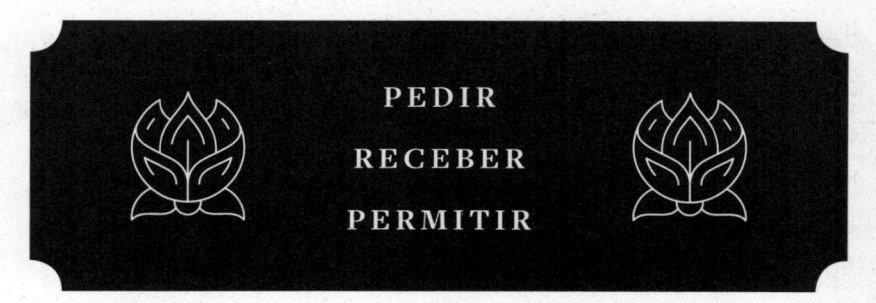

> PEDIR
> RECEBER
> PERMITIR

Ao conhecer esses passos, você descobre em qual etapa está no seu processo de conquistar o que ainda está no plano mental. Assim, consegue ter mais domínio de toda a situação, sobretudo de seus sentimentos, que são os fertilizantes dos pensamentos. Vamos conhecer um por um:

1º passo: Pedir

Por muito tempo, ter desejos foi visto como algo negativo. Um vilão que nos faria sofrer. Inclusive, tradições antigas recomendavam que os renunciássemos, porque eram paixões terrenas. Porém, é impossível um ser humano viver sem desejar nada. O desejo é a semente da realidade, e quem não sonha, não realiza. É, portanto, um processo natural e, enquanto formos humanos, nunca vamos nos livrar de nossos desejos. E quanto mais lutarmos contra eles, mais sofreremos. Então, não lute contra. Entenda, compreenda, ouça e decida o que fazer com eles.

Além disso, saiba que desejos nascem de duas fontes:

De nossa bagagem – Quando nascemos, já trazemos alguns desejos de vidas anteriores. Isso explicaria aquelas pessoas que têm um talento nato para esportes, música, artes, idiomas etc. Para reconhecê-los em você, pense em quais foram as suas preferências na infância. Em geral, elas têm muito a ver com a sua missão de vida, com o que veio fazer na Terra. Esses desejos são da sua alma, da sua Centelha Divina. E muita gente passa a vida inteira os ignorando para seguir por um caminho diferente. Mas, enquanto você lutar contra os desejos da sua alma, vai sofrer. Será como aquelas pessoas que passam anos trabalhando em algo que odeiam, só porque dá dinheiro, enquanto o sonho delas era outro. Então, preste bastante atenção a esses desejos, porque eles costumam ser muito fortes.

Do contraste – O que seria contraste? As catarses, as situações difíceis da vida, tudo aquilo que você não deseja. Vamos pensar, por exemplo, na história do João. Ele está triste porque a esposa está grávida e eles não têm carro. Fica preocupado em como vai ser ruim pegar transporte público com o bebê. Pronto! A situação de necessidade fez nascer nele o desejo de ter um veículo. E assim os pensamentos dele, repletos de sentimentos, vão subindo até o plano superior, formando um vórtex de energia onde o carro dele já está em forma de onda de informação. Mas, para descer para a matéria em forma de partícula, João precisará fazer a parte dele.

2º passo: Receber

Vamos continuar com o exemplo do João. Assim que ele pede o carro, já o recebeu. Só que em forma de vibração, de onda. A versão Centelha Divina dele já está no vórtex com o carro. Então, ele já recebeu, mas não neste mundo material. O problema, agora, está no terceiro passo.

3º passo: Permitir

É onde tudo trava. O pedido já está lá no Vórtex em forma de onda, pronto para virar partícula, se materializar. Mas isso só vai acontecer se o João permitir. Se você permitir! "Ah, mas eu permito... Carro, vem..." Assim não adianta, porque o Universo não entende a linguagem das palavras, apenas a linguagem da vibração. Este é o idioma de Deus. Então, não adianta de seus lábios saírem "Eu permito, eu quero, eu estou pronto", se a sua vibração estiver emanando resistência e dúvida.

No caso do João, ele quer o carro, só que começa: "Mas eu não tenho dinheiro, meu salário é pequeno, quem é que vai me dar crédito, não tem como, um carro dá muita despesa, é muito caro...". Ou seja, vai colocando resistência e mais resistência. O carro em forma de onda quer descer, mas bate nessa onda negativa em volta do João e volta.

Então, não adianta falar que você quer algo, se não sente isso de verdade. Emanou? Vibrou? Vai receber um sinal idêntico ao que emitiu, uma onda de frequência exatamente igual com a qual está sintonizada. Por isso, o seu trabalho é simplesmente tirar a resistência para receber.

Vamos dar um final feliz para o João? Ele solta a resistência e, um dia, está num churrasco de família e encontra um primo, ao qual conta que a esposa está para ter bebê, mas ele não está podendo financiar um carro porque não tem como comprovar a renda. O primo, que é funcionário público, imediatamente oferece: "Eu financio no meu nome. É só você pagar as parcelas direitinho e está tudo bem".

Passo 2

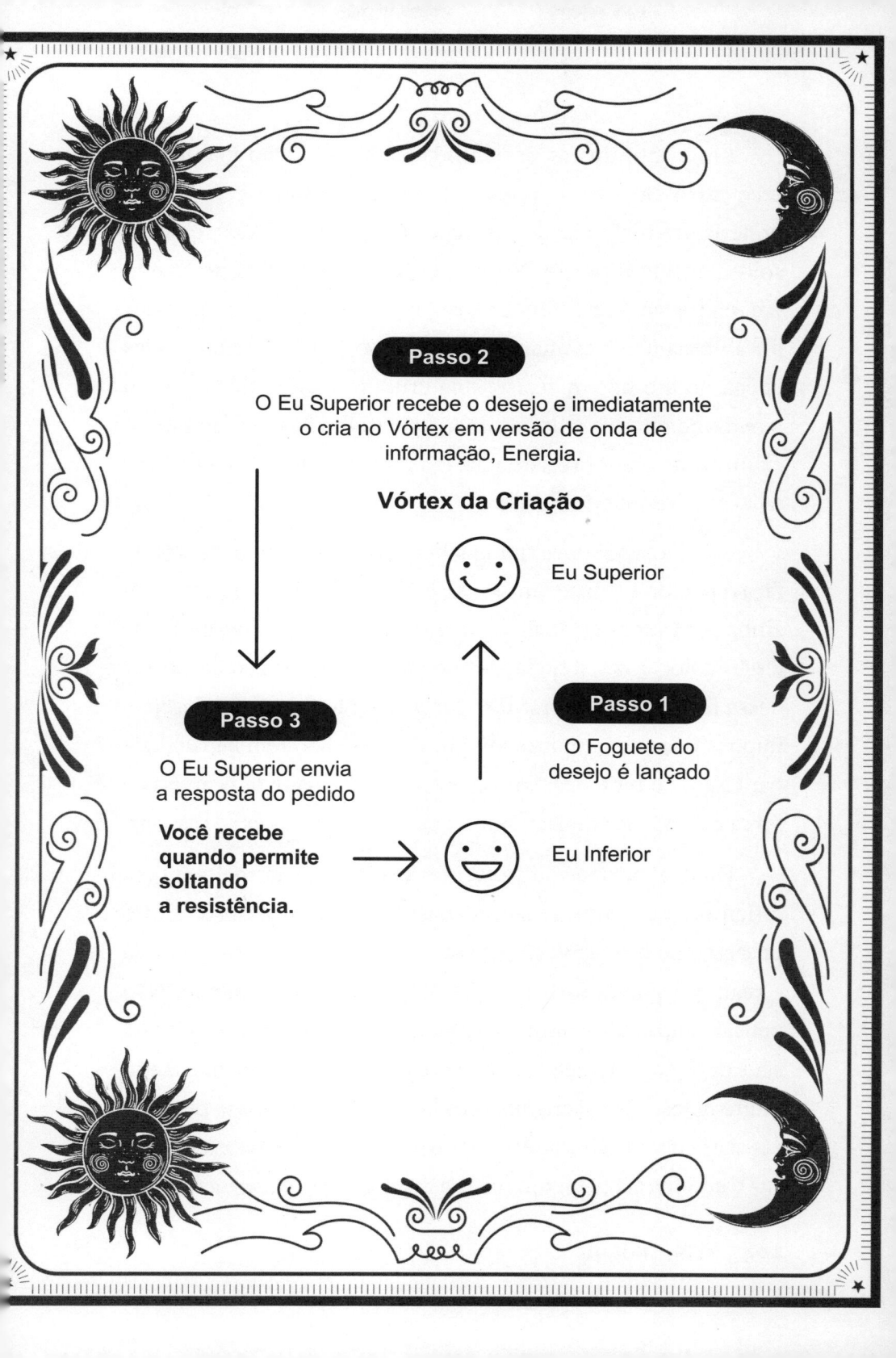

O Eu Superior recebe o desejo e imediatamente o cria no Vórtex em versão de onda de informação, Energia.

Vórtex da Criação

😊 Eu Superior

Passo 3

O Eu Superior envia a resposta do pedido

Você recebe quando permite soltando a resistência. → 😃 Eu Inferior

Passo 1

O Foguete do desejo é lançado

Eram infinitas as possibilidades para o João manifestar esse carro. Se ele não tivesse colocado qualquer resistência, poderia até ter ganhado o veículo num sorteio. Mas, quando soltou, atraiu o primo. Nossa Centelha Divina fica pensando em mil formas para atender aos nossos desejos. Quanto maior for a nossa fé e a confiança no processo, mais facilmente eles chegarão até nós. A resistência cria um campo de força em que a onda bate e volta. Então, a Centelha fica procurando o caminho de menor resistência. E, no caso do João, foi financiar o carro no nome do primo.

Por isso, você deve agir igual a quando vai a um restaurante: faça o pedido e relaxe. Afinal, você não fica indo toda hora à cozinha para ver se estão fazendo o seu prato, não é mesmo? Isso é não colocar resistência! Mas como conseguir se comportar dessa forma? Basta parar de ficar pensando que o seu desejo é impossível, difícil, muito complicado, que não tem capacidade para isso. Ao ter esses pensamentos, você emana um campo de força que não vai deixar aquilo que você tanto quer se realizar.

Há duas formas de soltar a resistência. A primeira é bem difícil para a maioria das pessoas: ter confiança absoluta no processo de que, se você pensou, vai vir não importa como. Já é real! A segunda forma é você se tornar meio genérico. Não pensar tanto no assunto. O seu vórtex já está lá, com todos os seus desejos. Mas, se você ficar preocupado, ansioso, pensando muito neles, não vai emanar uma boa frequência (e isso também é resistência). Assim, se estiver distraído com outros assuntos, a sua Centelha acha um furo na sua resistência e o que você queria finalmente desce. E isso acontece muito: quando esquecemos de algo que queremos demais, é justamente quando acontece.

Então, confie! Seu pedido já está nas mãos do cozinheiro, nas mãos de Deus. Agora, vá se divertir, vá passear. Esqueça, porque no momento certo o prato chegará à sua mesa. Os seus pedidos são como sementes, que estão sendo geradas no solo fértil do seu vórtex. Espere pacientemente, porque o tempo da colheita virá.

João plantou a semente do carro, mas ficou emanando resistência, achando que era impossível. Mas você não pode deixar que as circunstâncias exteriores mudem a sua vibração. Ignore-as e se preocupe com o que está emanando de dentro de você, porque é isso que vai emitir o sinal para o Universo, que responderá mandando o seu pedido na mesma frequência.

Eu estou contando aqui para você a história do João, mas eu fiz algo bem parecido com ele quando estava sonhando com o meu carro novo. Estava pedindo isso demais para a minha Centelha! Fiz o ritual do pote dos desejos (que você vai aprender na Parte 6), coloquei o pedido na minha caixinha dos sonhos. Eu informava ao Universo que queria um carro em que me sentisse próspera e que fosse uma SUV zero quilômetro. Mesmo assim, de vez em quando, eu me via olhando anúncios de carros seminovos, pensando que um usado eu poderia comprar. O fato é que, embora eu tivesse pedido à minha Centelha um carro novinho, não acreditava que podia. Até que, um dia, um amigo nosso estava comprando um Jeep Compass e nos convidou para ir à concessionária com ele, porque sabia que nós queríamos um também. Insistiu tanto, mas nem na loja eu queria entrar porque achava que estava muito acima das minhas possibilidades.

Mesmo assim, ele nos convenceu. E, na concessionária, fiquei toda sem graça num canto. Mas então o vendedor me chamou, começou a me mostrar o carro e me fez entrar dentro dele. Quando coloquei as mãos no volante, me embriaguei com aquele cheiro de carro novo e, com isso, comecei a vibrar positivamente. Na mesma hora, ouvi a minha Centelha falar comigo: "Você se sente próspera nesse carro?". É claro que sim! E fiquei toda emocionada. Resultado: o vendedor começou a nos dar uma série de vantagens e de descontos, e o carro se tornou acessível para nós. O sonho se realizou! Sozinha eu não teria entrado naquela loja. Mas, usando o meu amigo, a minha Centelha me arrastou até lá.

Enfim, ter desejos é algo maravilhoso e bastante normal. E o nosso Eu Superior quer nos dar tudo e fica toda hora mandando sinais de onde podemos conseguir o que desejamos. A questão está em permitirmos. Portanto, você deve focar na permissão. Mantenha-se no caminho da menor resistência, para que, assim, possa receber aquilo que já é seu.

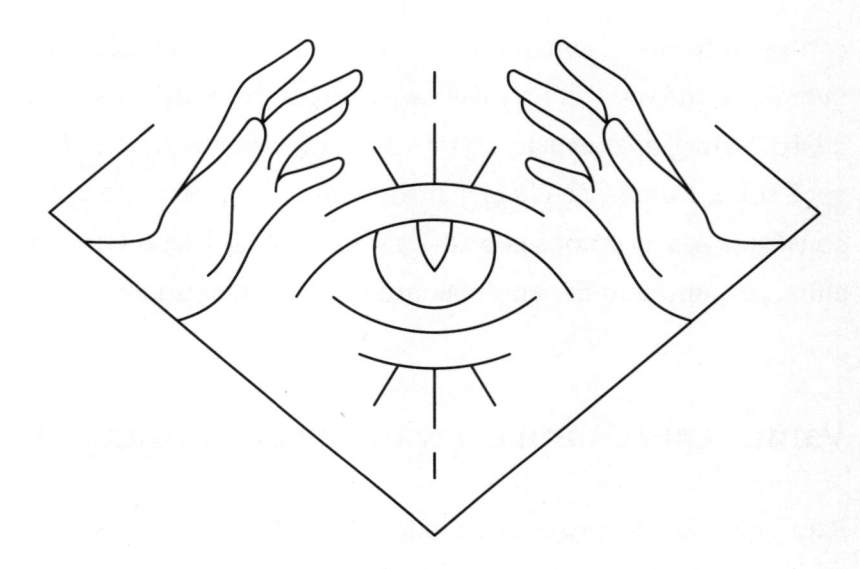

Focar no desejo ou soltar?

Você já compreendeu que pensar muito no seu desejo é uma forma de resistência. Mas e aquela história de que é preciso focar no que se deseja para ajudar a atrair? O que se deve fazer, afinal? Quando estiver pensando no seu desejo, pergunte-se qual é o sentimento que está dominando você naquele exato momento. Se a resposta da sua alma for angústia, medo, sensação de escassez ou qualquer tipo de sofrimento, então é hora de soltar esse desejo e focar em outras atividades que tragam vibrações mais elevadas. Vá relaxar, tirar um cochilo, receber uma massagem, assistir a um filme de comédia. O importante é se distrair e esquecer o seu desejo, porque, nesse momento, ele não está sendo seu amigo.

Porém, quando você pensar no que tanto almeja e se sentir feliz ou com algum outro sentimento positivo, aí sim pode continuar focando, alimentando o seu vórtex. Mas atenção: não quer dizer que você nunca mais vai pensar nos seus desejos. Não é isso. Talvez apenas não seja o momento adequado, e então você solta. Depois, se ele vier novamente à sua cabeça e você conseguir sentir emoções positivas, maravilha. Use o GPS da alma, perguntando-se sempre sobre seus sentimentos.

Vamos exercitar a criação da sua realidade?

Para que você possa colocar ainda mais em prática esses passos da cocriação da realidade, vou ensinar um exercício que eu mesma criei. Mas, antes, entenda que eu sempre afirmo que o meu mundo interior é onde mora a minha Centelha Divina. Então, quando vou fazer este exercício, digo que estou indo visitar a casa da minha Centelha.

Vamos fazer? Feche os olhos, respire profundamente e imagine tudo o que deseja no seu mundo interior. E, como a Centelha é Deus em você, em sua casa só há abundância. Assim, veja o seu mundo interior como um lugar onde não existe a menor possibilidade de escassez. Eu, por exemplo, sempre imagino pó de ouro caindo em cima de mim. E eu estou sempre linda e perfeita! Também visualizo chuvas de dinheiro, muitas árvores frutíferas e até mesmo unicórnios voando! Deixe a sua criatividade livre. Perceba, também, que nesse local há uma enorme emanação de amor e paz. Nele, não habitam a preocupação, a inveja, a reclamação.

Faça esse exercício sentindo toda a certeza de que está, de verdade, numa outra dimensão. Eu pratico essa técnica depois de meditar e após escrever no meu caderno da gratidão. Além disso, sugiro que você também faça isso quando algo no seu mundo físico ainda não estiver do jeito que deseja. Não se importe com o que as pessoas vão dizer: "Sai do mundo da lua! Você pensa que a vida é o país das maravilhas?".

Mas é justamente por isso que eu vou para o meu mundo interior. Lá não tem a Lei da Polaridade. O polo é sempre positivo. O polo negativo só existe aqui, em nosso mundo tridimensional. Então, quando você escolhe olhar a vida por uma perspectiva mais positiva, vai colher frutos positivos. E ainda que algo que pareça negativo venha a acontecer, você será capaz de tirar o melhor dessa experiência. Virá uma lição, um crescimento, e assim ressignifica tudo.

No mundo da Centelha Divina, no seu mundo interior, você pode ser e ter o que quiser. Lá, é abundante, saudável, próspero. Se estiver passando por uma situação de doença, não se importe com o que os médicos falaram. Feche os olhos e vá visitar o seu mundo interior, onde desfruta de saúde plena. Mas aí você vai me dizer: "Poxa, quando eu abrir os olhos, ainda estarei com o diagnóstico". Não importa! Ser negativo ou ser positivo dá o mesmo trabalho. Então, por que não ser positivo? Se fizer isso por sete dias consecutivos, eu digo para você que, com toda a certeza, vão começar a aparecer as evidências no seu mundo físico.

Tenha em mente: para criar a realidade que você vive hoje — que talvez não esteja gostando —, demorou um tempo.

Portanto, não vai ser de uma hora para a outra que você vai se curar ou se tornar próspero. Mas agora vai criar novos padrões de pensamento e, no tempo certo, conquistará os resultados.

Então, escolha focar no seu mundo interior. Não vai fazer mal. O mínimo que pode acontecer é, ao estar lá viajando, começar a produzir hormônios da alegria. E, como é cientificamente comprovado, serotonina, dopamina e oxitocina jogadas na corrente sanguínea fortalecem o sistema imunológico. Seu organismo vai até agradecer a você.

Ao final do exercício, entenda que não vai abrir os olhos e já encontrar tudo mudado. Não, vai demorar um tempinho para que o seu mundo exterior se adapte à nova realidade que agora você vive no seu mundo interior. E uma última lição: ao término da prática, não desenterre a semente. Ou seja, não fique dizendo que não vai dar certo ou que é uma grande besteira. Se fizer isso, destrói o mundo interior que construiu e os frutos não chegam.

Com qual mente você cocria?

Tudo o que acontece em nossa vida é fruto de uma cocriação. Nós estamos cocriando o tempo todo. Mesmo assim, algumas pessoas ainda dizem: "Ah, a Lei da Atração não é para mim". Na verdade, ela é uma lei que existe no Universo, quer você acredite ou não. Vai sempre existir, assim como a Lei da Gravidade.

Vou repetir: todos estão cocriando o tempo todo. Só que tem uma diferença: alguns cocriam conscientemente; a maioria, inconscientemente. Nós não prestamos atenção ao fato de que tudo começa em nossa mente. Antes de qualquer ação que você pretenda fazer, acontece primeiro uma visualização mental. Alguma forma de pensamento precedeu o seu ato. Ao sentir sede, você cria primeiro o copo d'água na mente antes de beber. E quando chega o meio-dia, pensa num bom prato de comida e, dali a pouco, está à mesa.

"Ah, mas beber e comer não é cocriação", você pode reclamar. Isso porque, quando algo vem de forma natural, sem qualquer esforço, pensamos que não é cocriação. Mas é. Vou contar uma história que ilustra bem isso. No início da pandemia, lá em 2020, me deu vontade de comer um tipo de bolo de chocolate de que eu gosto muito, mas que só vendia num determinado lugar da cidade, longe da minha casa. Para piorar, estava tudo fechado devido às restrições. Eu não queria qualquer bolo de chocolate. Tinha que ser aquele. Então pensei: vou cocriar esse bolo! Comecei a visualizar que estava toda feliz comendo, e ia sentindo o gosto a ponto de dar água na boca. Alguns dias depois, minha mãe foi me visitar e levou um bolo para o lanche. Quando olhei, era o mesmo! Comecei a pular de alegria e disse: "Uau, mãe, era exatamente o que eu queria!". Não tem como segurar: quando acontece uma cocriação desse tipo, em que visualizamos conscientemente, ficamos muito felizes.

Passaram-se algumas semanas e novamente me deu vontade de comer o danado daquele bolo. O jeito foi tentar cocriar outra vez, e parti para a visualização. O dia foi passando e eu com aquele desejo forte só aumentando, então me veio uma intuição: pegar o meu celular e abrir o aplicativo de entrega de comida, e quem sabe o bolo não estaria lá disponível. Assim eu não teria que ficar esperando que ele aparecesse do nada. Quando abri o aplicativo, adivinha qual foi a primeira imagem de propaganda que me apareceu? O bolo! E ele foi entregue na porta da minha casa. Mais uma vez, fiquei feliz demais.

Está certo que eu dei uma forcinha para o Universo, não é mesmo? Afinal, eu mesma pedi o bolo pelo meu celular. Na primeira vez, eu fiquei tranquila esperando, até que minha mãe o trouxe. Mas, na segunda, acabei ajudando. Será que a primeira foi mais manifestação do que a segunda? Não, ambas são cocriações!

Um tempo depois, o desejo de comer aquele bolo voltou. Lá fui eu fazer a minha visualização para ele aparecer. E então a minha Centelha falou comigo: "Por que você está esperando o bolo se manifestar, se já sabe onde encontrá-lo? Por que não abre o aplicativo e pede?". Eu respondi: "Não, eu quero cocriar! Não quero só ir lá e pedir o bolo". Foi então que ouvi: "E você acha que isso não é cocriação?". Lembrando: tudo é uma cocriação.

Portanto, muitas pessoas estão por aí criando suas realidades e nem se dão conta. São os cocriadores inconscientes.

Já o cocriador consciente é você, iniciado. O alquimista de sua vida! E para fazer isso existem duas formas: pela mente finita e pela mente infinita. A primeira é o seu eu inferior, seu personagem temporariamente humano. Já a mente infinita é o Eu Superior, aquele que sabe tudo o que há para se saber.

Quando você lança um desejo no vórtex, não deve se preocupar com a forma com que ele irá chegar até você — embora muita gente aja dessa forma, atrapalhando o processo. Mas, se for pensar nisso utilizando a sua mente finita, encontrará o "seu" como, que é de maneira limitada. Com isso, seu grau de certeza vai diminuir e o tempo de realização vai demorar, porque a sua Centelha vai ter que achar um caminho de menor resistência para trazer o seu desejo.

Agora, se você pensa com a sua mente infinita, encontrará infinitas possibilidades. Assim, o seu grau de certeza aumenta porque você não está se respaldando no "como" que conhece (com sua mente finita), e sim no "como" que a sua Centelha Divina conhece. Dessa forma, estará agindo como eu na primeira manifestação do bolo de chocolate, quando pensei: "Ah, não sei como, mas sei que vai chegar".

Porém, qual é a primeira frase que você costuma falar logo após desejar? "Mas como?" Saiba que, ao fazer isso, desanda todo o negócio da Lei da Atração. O obstáculo da manifestação é você querer saber como. Se está com sede, simplesmente vai à cozinha e bebe água. Nem pensa no como. Mas se eu sugerir a você que compre uma casa, provavelmente vai me dizer: "Ah, é o meu sonho! Mas como, se eu não tenho dinheiro?". E assim o seu grau de certeza se reduz a praticamente nada, aumentando o tempo de realização do desejo em muito, muito, muito.

Portanto, se você cocriar com a sua mente finita, suas possibilidades serão limitadas. Mas se usar a sua mente infinita, fique tranquilo porque ela conhece as infinitas possibilidades. Os Abrahams já falaram que, para cada coisa que desejamos, o nosso Eu Superior conhece pelo menos 30 a 40 formas de como aquilo pode chegar até nós. Isso nos traz um grau de alívio, de segurança, de tranquilidade muito grandes.

Vou te dar uma dica. Sempre que vier alguma dúvida a respeito da realização de algo em sua vida, fique falando: "Infinitas possibilidades, infinitas possibilidades, infinitas possibilidades". Pegue o seu japamala[1] e repita isso 108 vezes! Fale até você acreditar que a sua mente infinita conhece essas inúmeras possibilidades. Paralelamente a isso, reconheça e agradeça por cada cocriação que já fez até hoje. Inclusive o almoço que come todos os dias é uma cocriação que você deve expressar gratidão. É algo que vem de forma natural e infinita para você. Lembre-se de que cocriação não é só quando consegue realizar algo muito difícil.

Entender isso é maravilhoso! Você se livra do peso de precisar saber todas as formas como o seu desejo vai chegar. O Universo não exige isso de você. Não há como saber o como.

---

1 **Japamala** é um colar de pedras ou sementes utilizado tradicionalmente na Índia para entoar mantras durante a meditação. **Japamala** é uma palavra com origem no sânscrito em que "japa" significa murmurar e "mala" guirlanda ou colar.

Eu Superior

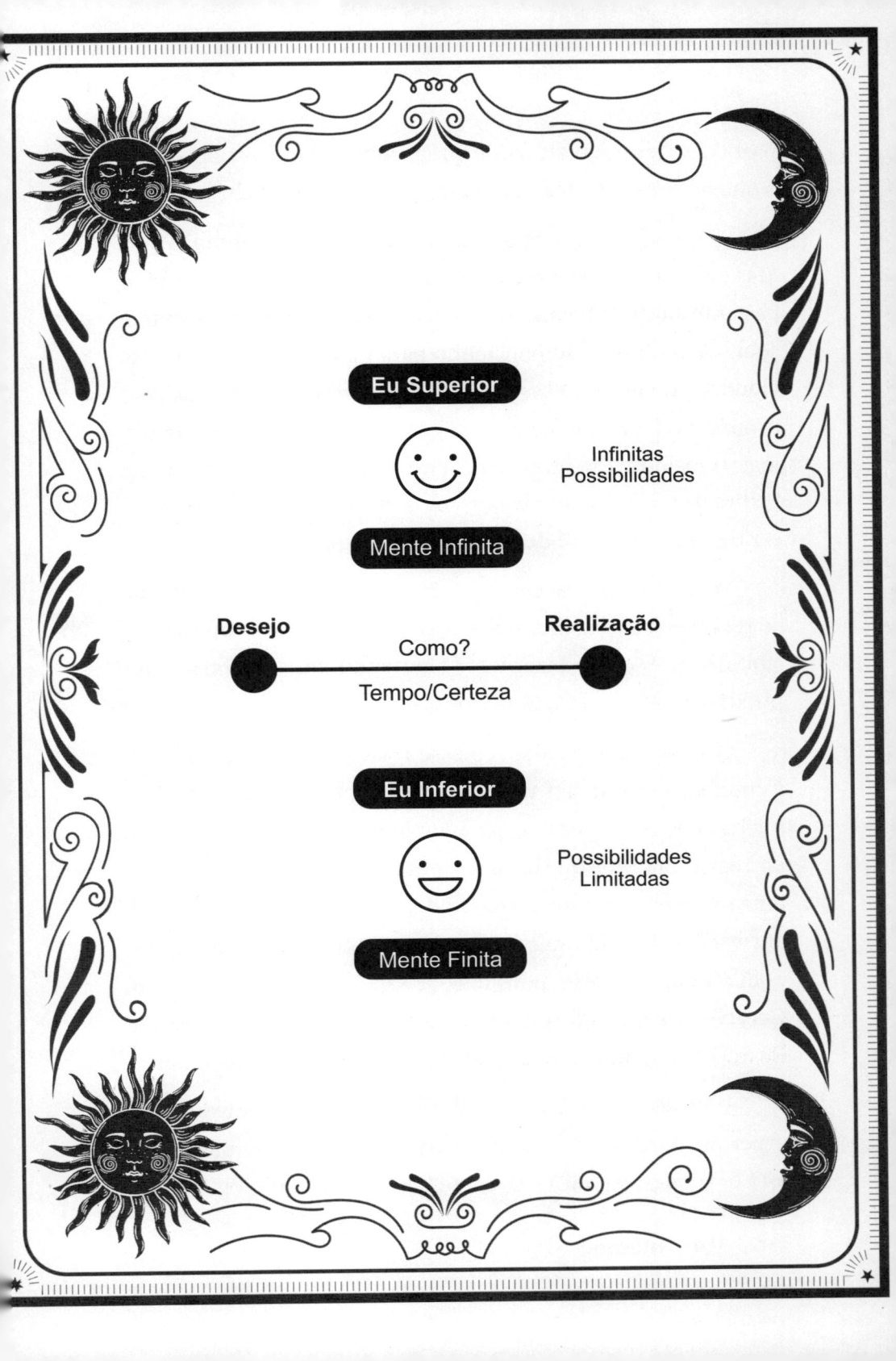

☺

Mente Infinita

Infinitas
Possibilidades

Desejo — Como? — **Realização**
Tempo/Certeza

Eu Inferior

☺

Mente Finita

Possibilidades
Limitadas

Basta descansar na certeza de que a mente infinita conhece tudo o que há para conhecer. E, assim, o seu desejo vai chegar.

Mas será que você pode cocriar com a mente finita? Pode. Mas precisa de concentração. Será necessário ficar visualizando bastante, fazendo técnicas e mantendo a vibração. Exige esforço, sobretudo de ficar se policiando para não deixar a frequência vibracional baixar. Ou seja, a mente finita também cocria, pelo próprio poder da mente em si. O desejo se realiza, mas é muito mais trabalhoso e demorado do que cocriar com a mente infinita. Pedirá de você um grande nível de domínio mental, e isso pode ser cansativo, porque desgasta a sua energia vital.

Portanto, você vai cocriar de maneira mais fácil, mais fluida, se recorrer à sua mente infinita, que conhece as infinitas possibilidades. E como fazer isso? Mantendo um relacionamento próximo com o seu Eu Superior!

Quando você estabelece esse relacionamento com a sua Centelha, se torna um verdadeiro ímã, um catalisador de coisas boas. E assim pode soltar à vontade, vivendo num nível de entrega total. Sabe que os desejos que deixou com ela chegarão até você no momento certo. Não vai precisar ficar repetindo afirmações, fazendo mil técnicas, gastando sua energia com o poder da mente. Não, porque você sabe que soltou para a sua Centelha Divina e ela que se vire. Solte as rédeas para que o seu Eu Superior conduza no seu lugar. Isso é o verdadeiro soltar.

Além disso, ao criar sua realidade a partir da mente infinita, experimentará um sentimento de paz interior. Isso porque, como está em conexão com a sua Centelha, não vai ficar perguntando a toda hora: "Quando? Como? Por que não veio ainda?". Não, você solta porque está confiante, em sintonia com o fluxo universal. E, assim, tudo começa a vir para você de forma mais fácil. Você se torna um verdadeiro abençoado: todas as suas necessidades serão naturalmente supridas.

Tenha em mente uma verdade: as técnicas de cocriação que usam a mente finita são uma sala de espera, até que você entre no reino infinito da sua Centelha Divina. Mesmo assim, na parte seguinte, vou ensinar a você rituais que podem ajudar na cocriação. Afinal, você é um iniciado. E quanto mais aprender, melhor. Dessa maneira, abre ainda mais o leque de possibilidades para trazer os seus sonhos para a sua vida.

É possível cocriar para os outros?

Esta é uma pergunta que muitos alunos já me fizeram. E a resposta é sim, nós podemos. Existe, por exemplo, uma história de Neville Goddard, em que ele conta que um homem lhe devia dinheiro, e sua esposa reclamava muito disso e pedia que ele tomasse uma atitude. Em vez de um confronto no plano físico, Neville preferiu atuar no plano superior. Então, começou a visualizar o devedor bastante próspero. Em uma semana, ele apareceu na casa de Neville para pagar a dívida. Incrível, não é mesmo? Porém, existem algumas ressalvas para que você possa fazer isso.

Uma delas é que já seja capaz de cocriar, conscientemente, para si próprio. Afinal, se precisa de fé e vibração elevada para você mesmo, imagine para o outro. A outra ressalva é que deverá vibrar no amor. Qual o seu motivo para manifestar para o outro? Tem segundas intenções? Deseja ter poder sobre ele? Dessa maneira, já não está vibrando no amor. Mas se a sua motivação for o bem genuíno do próximo, conseguirá manifestar para o outro tranquilamente.

E como fazer isso? Da mesma forma que faz para você, por meio de visualizações e técnicas, por exemplo. Uma delas é ver, na tela mental, a imagem do eu do futuro de quem você deseja ajudar com a cocriação. Se for um filho, por exemplo, pode vê-lo seguindo um bom caminho. Deixe essa cena viva em sua mente, buscando manter a vibração bem elevada, mesmo que, no mundo físico, a realidade ainda seja outra. Quando finalizar, entregue ao Universo. Uma hora, o que você tanto deseja vai se manifestar. E tenha em mente: quando você cocria para o outro, cocria para você também. Porque somos todos um. O outro não existe. É apenas o reflexo daquilo que você é.

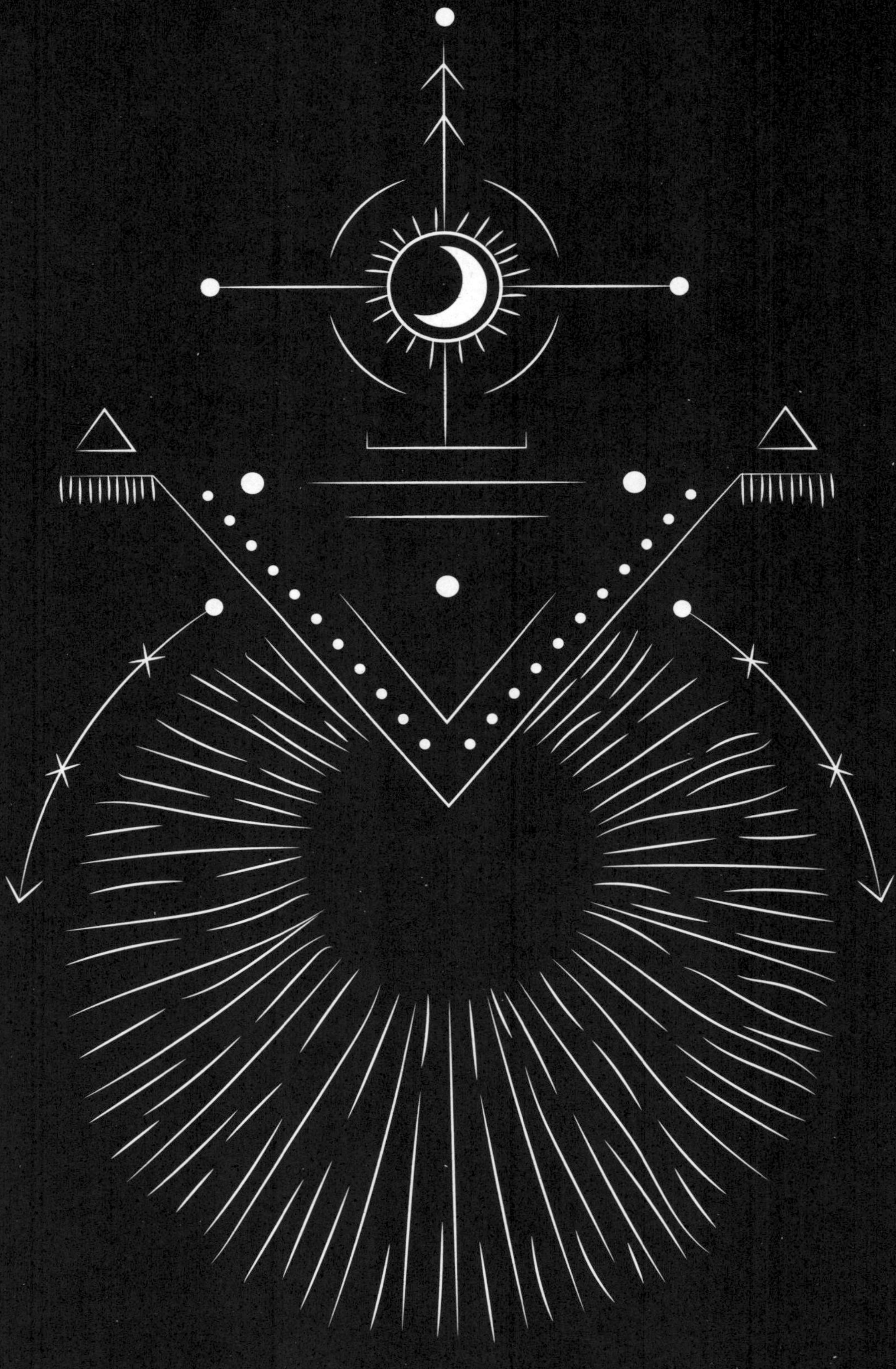

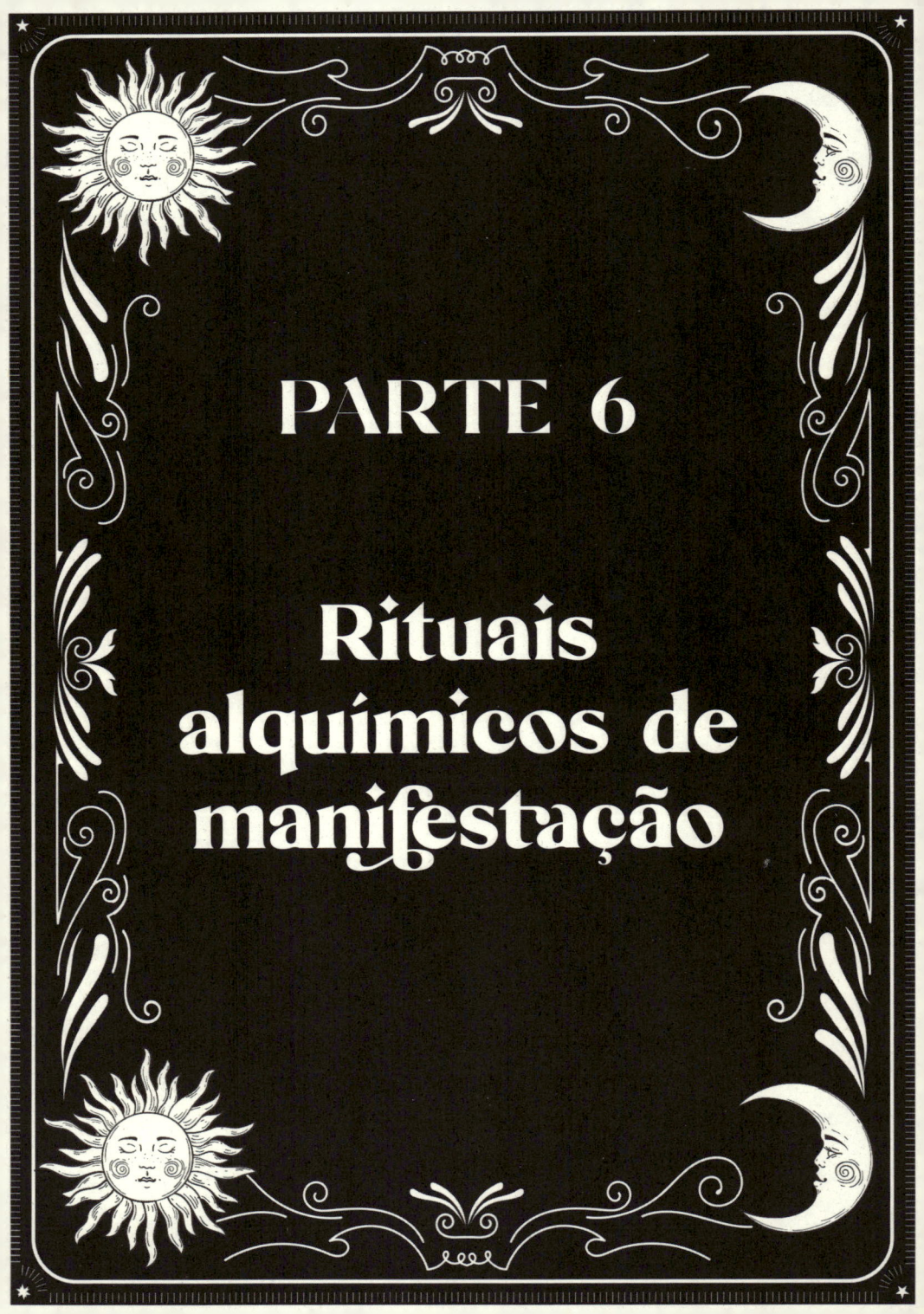

PARTE 6

Rituais alquímicos de manifestação

Agora que você já entendeu, com detalhes, como nossos desejos se manifestam na matéria, está na hora de colocar ainda mais a mão na massa. Nesta parte, vou ensinar algumas técnicas de manifestação — que nada mais são do que rituais de magia. E magia seria o quê? Intervir na realidade para fazer, de forma consciente, o seu desejo se realizar. Assim, quando existir uma situação de que você não esteja gostando e deseja mudar, pode interferir utilizando o poder da manipulação consciente de energia. Entenda que aquilo que já foi pejorativamente chamado de magia é apenas uma ferramenta para interagir com a energia que já existe e está à nossa disposição.

Porém, eu não acredito que alguém consiga passar a vida inteira fazendo magia. Demanda um desgaste muito grande de energia. É por isso que, neste livro, eu estou tentando mostrar que a transmutação mental deve ser encarada como um estilo de vida. Afinal, se você viver de acordo com o fluxo do Universo, em conexão com o seu Eu Superior, tudo o que deseja e precisa vai chegar até você naturalmente. Ainda assim, pequenos rituais alquímicos de manifestação — como os que vou ensinar aqui — podem ajudar naqueles momentos em que você não vê mais saída e precisa de uma solução rápida. Certa vez, eu estava devendo R$ 7 mil ao cartão de crédito e não tinha de onde tirar. Então, apelei para um ritual alquímico. No dia seguinte, materializei R$ 10 mil na minha conta. Mas não é sempre que recorro a esse artifício. Prefiro viver no fluxo...

Vamos a alguns rituais então?

Ritual do Pote dos Desejos

Antes de aprender como fazer este ritual, primeiro vamos relembrar alguns conceitos. Para que uma manifestação aconteça, de acordo com a Lei do Gênero, é preciso existir a energia do masculino e do feminino, assim como na geração de um bebê. Além disso, pela Lei da Vibração, é preciso haver movimento para fazer o negócio acontecer. E então chega a vez da Lei de Causa e Efeito: de acordo com a intensidade com que você vibrar, um efeito será criado. Tudo isso vai ser levado em conta nesta prática alquímica.

E como fazer? Providencie um pote e cole nele um rótulo escrito "Pote dos Desejos" — ou qualquer outro nome que queira dar. Ele vai representar a energia feminina receptora, que acolhe e vai nutrir o seu pedido até ele se realizar. Pegue um pequeno pedaço de papel — ele simbolizará o espermatozoide — e escreva a sua intenção. Eu, por exemplo, antes de ter o meu carro atual, escrevi: "Intenciono (porque não é só um desejo, é uma intenção) ter um carro muito bonito, completo, automático, com tamanho bom e confortável para mim e minha família. Eu me sinto próspera dentro dele. Eu amo o meu carro novo! Gratidão!". Quando tiver terminado de escrever a sua intenção, dobre o papel até ficar menor.

Depois disso, você ainda precisará de outro elemento para representar a energia masculina, a semente do desejo: um grão — de milho ou feijão, por exemplo. Assim, segure o papelzinho e, junto dele, o grão. Para trazer a energia masculina da ação, da vibração, da força e do poder, fique balançando a mão enquanto, de olhos fechados, visualiza a sua intenção já realizada. Se for conquistar o carro, diga (em voz alta ou mentalmente) frases que mostrem o quanto você está feliz, como: "Nossa, que lindo! É tão bom ter um carro novo!". Coloque toda a sua energia nisso. Quando sentir que já vibrou o suficiente, ponha o papelzinho no pote dos desejos.

Você acha que acabou por aí? Não! É preciso movimentar ainda mais a energia masculina. Então, pegue o seu pote com as duas mãos e comece a chacoalhar, ao mesmo tempo em que fica repetindo, em voz alta, com os olhos fechados, depositando toda a sua força: "Eu intenciono ter um carro novo! Eu intenciono ter um carro novo!". Quando você se sentir cansado, pare e agradeça.

Você poderia deixar apenas o papelzinho no pote e não fazer esta última parte? Sim. Mas, como já mencionei, a energia masculina é feita de vibração. Se você for estudar magia a fundo, vai entender melhor por que os xamãs dançam e gritam. Com essa vibração, eles estão colocando para fora a energia masculina e enviando o pedido deles para o Universo. Da mesma maneira, quando você faz o seu ritual empregando essa energia forte, emana com mais força o seu desejo.

Por conta desse desgaste energético, o ideal é você fazer um desejo de cada vez, para não se cansar. No dia seguinte, escreva uma nova intenção em outro papel. O meu pote costuma ter poucos pedidos. Uns quatro ou cinco por vez. Porque, como eu já disse, prefiro deixar as coisas fluírem. Porém, às vezes me dá vontade de colocar algumas intenções específicas no Pote dos Desejos, para ver se dou uma ajudinha. Mas se você quiser fazer inúmeros pedidos, fique à vontade. Só lembre que vai gastar muito da sua energia masculina.

E depois, o que você faz com esse pote? Deixe-o guardado no armário. Solte, esqueça. E fique tranquilo porque, assim como um bebezinho já está no útero da mãe, você sabe que é uma questão de tempo para que uma lei secundária — a Lei da Germinação — entre em ação e produza o que você deseja no tempo perfeito da colheita.

Uma última instrução: quando o seu desejo se realizar, como atitude de gratidão, pegue o papel no qual o desejo estava escrito e queime. E jogue na terra (de um vaso ou jardim) o grão que estava junto com o papel.

Ritual do Magnetismo Pessoal

Você sabe o que é magnetismo pessoal? É o nosso ponto magnético, nosso ponto de atração e de emanação também. Nós temos em nosso corpo etéreo centros de força, que são chamados de chacras. Um pouco acima do umbigo, temos o chacra que guarda o nosso centro de vontade. É por esse ponto que enviamos para o Universo o nosso desejo. Dele emanam energias que vão envolvendo todo o nosso corpo, formando um campo eletromagnético ao nosso redor. Quando estamos tristes, esse campo diminui. Quando felizes, ele aumenta.

Então, quando o seu desejo é forte e tem muita energia masculina envolvida, ele é emanado pelo seu centro de vontade com muito mais poder. Mas lembre-se de que esse campo eletromagnético é formado por nosso padrão de pensamentos, sentimentos e emoções. Se você emanar o desejo por algo, mas no fundo achar que não pode ter isso, vai irradiar também frustração e escassez. E tudo o que bate no seu campo volta. Se emanar amor, vai voltar amor. Se emanar escassez, vai voltar escassez.

O ritual que vou ensinar agora é justamente para você limpar o seu campo eletromagnético quando estiver se sentindo cansado, com raiva, frustrado, triste ou com qualquer outro sentimento de baixa vibração. Você precisa transmutar isso, porque sabe que o que emanar em seu campo retornará para você. Vamos lá: comece colocando as palmas das mãos, uma sobre a outra, em cima do seu umbigo. Nesse momento, concentre-se e diga, por exemplo: "Raiva que estou sentindo, eu escolho deixar você ir". Em seguida, é hora de trabalhar bem a energia masculina: mexa os braços para cima e para baixo, como se estivesse circundando o seu campo — braços para cima, mãos de volta para o umbigo, braços para baixo, mãos de volta para o umbigo, e assim sucessivamente. Faça esses movimentos colocando força e muita intenção de limpar a sua energia.

Este ritual também pode ser feito para que você, intencionalmente, nutra seu campo eletromagnético com boas energias. Ao colocar as mãos sobre o umbigo, diga: "Eu escolho emanar amor, eu escolho emanar gratidão, eu escolho emanar paz". Assim, pode ter certeza, vai garantir o retorno de tudo isso em sua vida.

Ritual para Dinheiro Rápido

A técnica que vou ensinar agora não é para deixar ninguém rico, e sim para você manifestar alguma quantia de forma rápida, emergencial. Sugiro que, ao praticá-la, não estipule um valor, para deixar as possibilidades bem abertas. Porém, saiba que a quantidade de energia e concentração que você colocar neste ritual é o que vai determinar o quanto vai receber de dinheiro, o qual pode vir das mais diversas formas.

Para fazê-lo, você vai precisar de uma caneta e de um pedaço de papel quadrado. Num dos lados dele, desenhe um dos seguintes símbolos alquímicos — aqueles utilizados em magia, representando algum significado. Ao usá-los, reivindicamos os nossos direitos junto ao Universo, com base na Lei da Correspondência: "O que está em cima é como o que está embaixo, e o que está embaixo é como o que está em cima". Escolha um dos três:

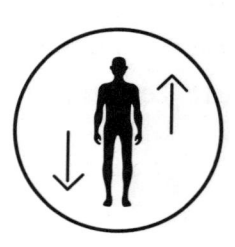

Cobra mordendo o próprio rabo – Representa não só a Lei da Correspondência, mas também a Lei da Polaridade, já que os opostos se tocam. Ao usar este símbolo, é como se você dissesse que está ciente de que tudo aquilo que emanar vai voltar para si próprio.

Semipirâmides cruzadas – Demonstram perfeitamente a Lei da Correspondência. É uma forma de você afirmar que está fazendo a sua parte aqui e que o Universo tem que fazer a dele, trazendo seu desejo para a matéria.

Boneco com uma mão para cima e outra para baixo – Esta é uma criação minha para representar o mesmo que as semipirâmides cruzadas.

Do outro lado do papel, escreva: "Dinheiro abençoado, venha até mim rápido, rápido, rápido". Essa frase vai virar um mantra. E por que dinheiro "abençoado"? Para reforçar ao Universo que deseja que a quantia chegue a você de forma honesta e justa. Você não quer que alguém perca para você ganhar, não é mesmo? E sim, que seja uma benção!

O passo seguinte é apoiar esse papel sobre uma mesa e fazer uma espécie de imposição de mãos sobre ele. E prepare-se porque, agora, você vai precisar colocar muito da sua energia masculina. Como? Repetindo rapidamente a frase escrita no papel e mexendo as suas mãos o tempo todo, como se estivesse colocando muita energia sobre o seu desejo. Faça isso até ficar cansado de tanto falar e fazer os gestos.

Você pode repetir a frase mentalmente. Mas, se estiver sozinho, procure falar, porque é mais poderoso. Quando parar, comece a visualizar pilhas de dinheiro fluindo até você. Receba e agradeça. Termine falando o decreto: "O que está em cima é como o que está embaixo, e o que está embaixo é como o que está em cima". E comece a sorrir, porque a quantia de que você tanto precisa já está a caminho.

Eu recomendo que você pratique este ritual por no máximo três dias, porque ele consome muito a nossa energia. Depois, solte paro o Universo fazer a parte dele. E não fique ansioso, porque senão coloca tudo a perder. Apenas espere. Guarde o papel dentro de um livro ou numa gaveta e, quando o dinheiro abençoado chegar, pode queimá-lo ou jogá-lo fora, lembrando-se sempre de agradecer.

Ritual do Foguete dos Desejos

Tem algo que queira muito? Este exercício pode ajudar você a conquistar! Posicione-se confortavelmente, como se fosse meditar. Para este ritual, você precisará usar muito a sua imaginação. De olhos fechados, comece a repetir várias vezes, mentalmente, a frase que demonstra qual é o seu desejo. Inicie devagar e vá aumentando a velocidade, e, à medida que faz isso, contraia todos os seus músculos para ativar a sua energia masculina.

Em seguida, imagine uma bola de luz emanando ao seu redor uma energia muito forte. É o seu desejo! Quando você sentir que já tem bastante energia, imagine-o como um canhão de luz subindo como um foguete. Você está emanando o que deseja para o Universo! Imagine esse foguete subindo bem alto e se dissipando na atmosfera. Só então relaxe os músculos e comece a agradecer. Finalize com a frase que sela o seu ritual alquímico:

"O que está em cima é como o que está embaixo, e o que está embaixo é como o que está em cima".

Vamos a um exemplo? Imagine que você queira manifestar R$ 1 mil. Então, comece a repetir em sua mente: "Mil reais, mil reais, mil reais" — você próprio vai criar as suas palavras mágicas, conforme o seu desejo. Aqui, por exemplo, pode incluir a palavra "abençoado", como já expliquei no ritual anterior. E lembre-se de ir contraindo a sua musculatura, sentindo muita energia saindo de você. Por fim, mande o foguete de luz com o seu desejo para o mundo superior. Nesse momento, você germina o mundo não físico com a semente do seu desejo. Agradeça e relaxe, porque o seu fruto vai chegar na hora certa.

Uma última dica

Gostou desses rituais alquímicos? Agora trate de fazer como o verdadeiro mago do bem, que sabe que tudo volta para ele: ao praticá-los, emane sempre amor e alegria! E quando finalizar uma prática, entregue realmente ao Universo. Solte, acredite e vá viver a sua vida. Deixe que as "autoridades competentes" do plano superior estão transformando a semente do seu desejo naquilo que você quer que chegue em sua vida.

Então, não fique preso a "Como? Quando? É muito difícil!". Para o Universo, tudo é possível. É uma pena que a mente limitada de muitos de nós ainda não consiga compreender que o nosso Eu Superior tem infinitas formas de nos trazer tudo o que precisamos. A única coisa que impede o receber é a nossa ansiedade e a nossa autossabotagem de não se achar merecedor. Então, confie e saiba que merece, sim, ter o seu desejo materializado.

Parabéns, agora você é um alquimista!

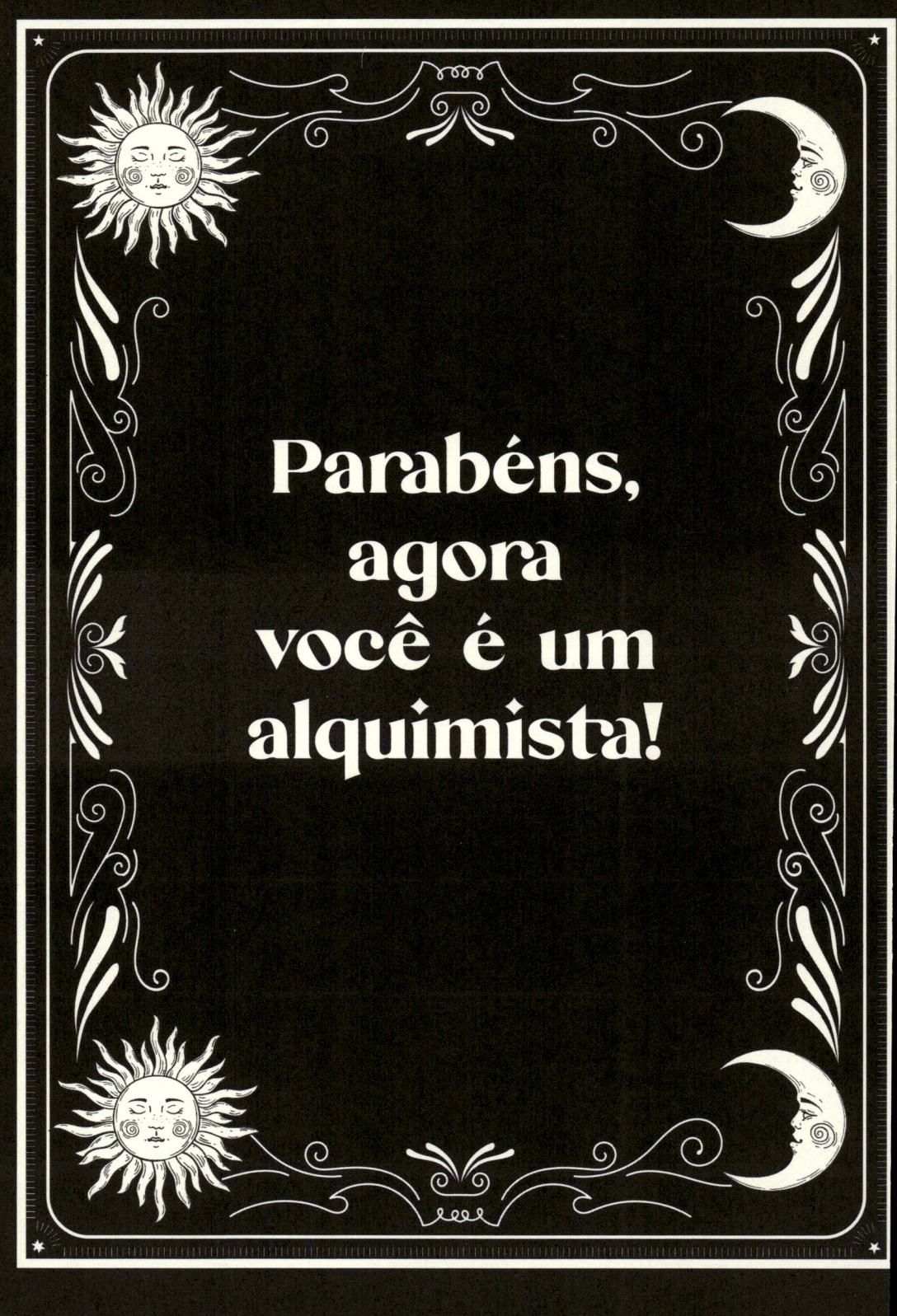

Iniciado querido, você está chegando ao término do seu **Manual do Alquimista Moderno**, e agora é hora de praticar. Sabendo toda essa teoria — segredos milenares que pertenciam às sociedades secretas —, você está capacitado para receber o título de mago. De alquimista da sua vida! Parabéns, você se formou! Mas atenção: continue estudando. Nós somos eternos estudantes, sempre aprendendo mais e mais. Além disso, recomendo que você guarde o seu Manual com todo o carinho para usá-lo como livro de consultas. Afinal, um verdadeiro mago sempre está consultando seus livros. E a repetição da informação ajuda a fixar os conteúdos na mente subconsciente.

Agora, vamos comemorar, porque é a sua formatura! Imagine que você me convidou para ser a oradora da turma. Então, é com muita emoção que vou me despedir de você com duas lindas histórias.

A primeira fala sobre o segredo maravilhoso do pinheiro. Essa árvore é a única, em todo o planeta, que se mantém igual o ano inteiro. As estações chegam e causam seu impacto em todas as outras árvores, menos nela. Por isso, cientistas decidiram estudar o porquê disso. E descobriram que o pinheiro é capaz de suportar tanto as altas temperaturas do verão quanto as mais baixas do inverno porque, por dentro, possui um sistema de armazenamento de água para os dias mais quentes e secos, e um mecanismo que o aquece interiormente até mesmo debaixo da neve. Por fora, elas não mudam nada, porque no seu interior trabalham ativamente.

É por conta disso que o pinheiro é a árvore que simboliza o mestre do hermetismo, uma pessoa que dominou a arte da alquimia mental. Pode acontecer o que for ao seu redor, afetando todas as pessoas, que mesmo assim, por dentro, ele não se afeta em nada. No seu mundo interior, o alquimista permanece como um pinheiro, firme e forte, independente da estação do ano.

A outra história, sobre a peneira e o cadinho, se encontra em *O Livro de Mirdad*. Você sabe o que é um cadinho? É um recipiente que pode ser aquecido a altíssimas temperaturas, usado para fundir metais. Tudo o que cai nele — colares, anéis, brincos — derrete e se funde, se torna uma coisa só. No livro, há a seguinte passagem:

"O Verbo de Deus é um cadinho. O que ele cria, ele derrete e funde em um, nada aceitando como valioso, nada rejeitando como sem valor. Como possui o Espírito de Compreensão, sabe muito bem que ele e sua criação são unos, que rejeitar uma parte é rejeitar o Todo, que rejeitar o Todo é rejeitar-se a si mesmo."

Já a peneira é o oposto disso. Ela separa! A peneira nada mais é do que o julgamento. Veja:

"O verbo do homem é como uma peneira. Ele define aquilo que cria, acolhendo ou rejeitando. Está sempre tomando este como amigo e expulsando aquele como inimigo. Mas frequentemente o amigo de ontem torna-se o inimigo de hoje; o inimigo de hoje o amigo de amanhã."

Lendo essas duas passagens, responda: como é a atuação de Deus no mundo? É como no cadinho! O que entra nesse recipiente derrete e funde. Isso significa que todos somos um! Não há separação. Assim, atuar como Deus é agir com amor. Então diga: "Eu sou o cadinho. Aquilo que vem para mim derrete e funde. É tudo um só". Jamais faça como a peneira, que prefere falar: "Desse eu gosto, desse eu não gosto".

O alquimista é o cadinho. Ele usa a lei do amor, a lei maior que prega a não separação. O homem comum prefere destruir, separar, dividir, peneirar. É com essa peneira que ele cria as guerras, as divisões, as brigas, os inimigos. Quanto a isso, quer uma dica? Se você tiver algum desafeto, mentalmente jogue-o no cadinho e o derreta no fogo da compreensão. E, como ele estará líquido, agora você pode recriá-lo no molde que desejar. Então, ao vê-lo fundindo e esfriando, transforme-o em amigo.

Mas atenção: derreta-o na unicidade do amor. Afinal, tanto o inimigo quanto o amigo são criações do seu próprio eu. Foi a sua consciência quem criou. E o alquimista sabe disso, por isso ele vai corrigir nele, e não no outro. É disso o que fala a alquimia mental. Nós é que criamos e damos significado a tudo.

E você, tem agido como peneira ou como cadinho? Faça uma autoavaliação: tem separado, dividido, criado inimigos e problemas com todo mundo, vendo o outro sempre separado de você? Ou tem buscado fundir tudo no amor? Eu costumo fazer uma técnica utilizando esse princípio. Quando vejo algo de que não estou gostando, que está me causando a vontade de peneirar, visualizo o cadinho e penso: "Não, o meu eu é um cadinho. Derrete e funde!". Em seguida, imagino aquela imagem desagradável indo para o meu cadinho mental e se derretendo. Por exemplo, se uma pessoa me trata mal, eu imagino que ela entra no meu cadinho e se transforma una comigo. Somos todos um!

Esse exercício parece tão simples, mas nos ajuda muito a entender a unicidade. Por que aquela pessoa está tratando você daquele jeito? Porque ela está usando a peneira. Mas você prefere usar o cadinho. Eu estou sempre me policiando para notar quando estou agindo como a peneira. Ao perceber, falo para mim mesma: "Não, eu sou o cadinho, eu sou da esfera de Deus, eu sou o Absoluto". E, como você sabe, o Todo é puro amor. É a unicidade.

O desafio do alquimista, então, é ser um cadinho e transformar todos em um. Tenho certeza de que você vai conseguir.

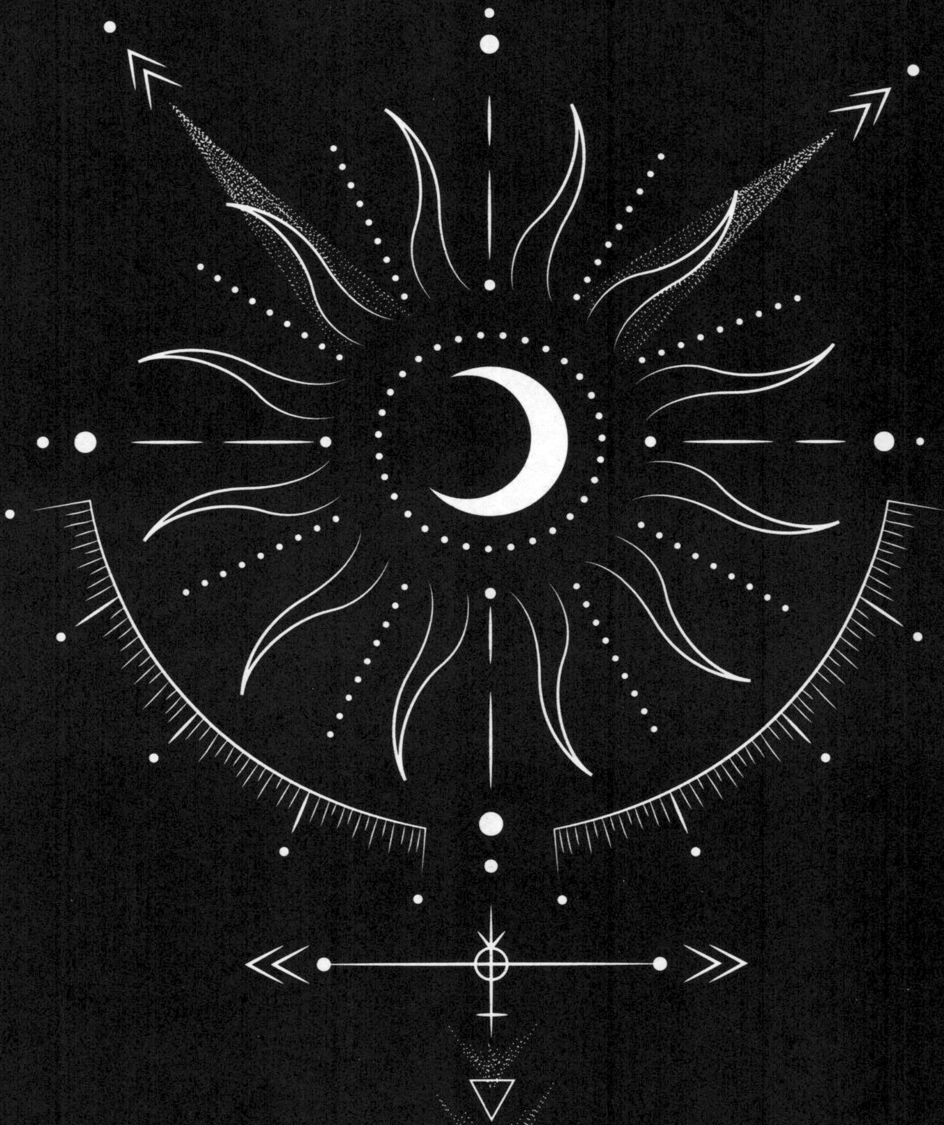

Obras citadas ao longo deste livro

CLASON, George Samuel. *O homem mais rico da Babilônia*. Bom Sucesso, RJ: Ediouro, 2005.

KIYOSAKI, Robert; LECHTER, Sharon. *Pai rico, pai pobre: o que os ricos ensinam a seus filhos sobre dinheiro*. Tradução de Maria José Cyhlar Monterio. Rio de Janeiro: Campus, 2000.

NAIMY, Mikhaïl. *O livro de Mirdad: um farol e um refúgio*. Tradução da Equipe de Tradutores do Lectorium Rosicrucianum. 7. ed. Jarinu, SP: Pentagrama Publicações, 2014.

TRÊS INICIADOS. *O Caibalion: um estudo da filosofia hermética do Antigo Egito e da Grécia*. Tradução, apresentação e notas de Edson Boni. São Paulo: Mantra, 2019.

WALSCH, Neale Donald. *Conversando com Deus: o diálogo que vai mudar a sua vida*. Tradução de Maria Clara de Biase W. Fernandes. Rio de Janeiro: BestSeller, 2021, recurso digital.

GERMAIN, Saint. *O Livro Alquímico de Saint Germain: a inspiração dos ensinamentos do Mestre aos caminhantes da Nova Idade do Ouro*. Rio de Janeiro: BestSeller, 2006.

COUTO, Hélio. *Mentes In-Formadas: Ondas de In-Formação, transferência de consciências arquetípicas e outras infinitas possibilidades*. São Paulo. Linear B Editora, 2017

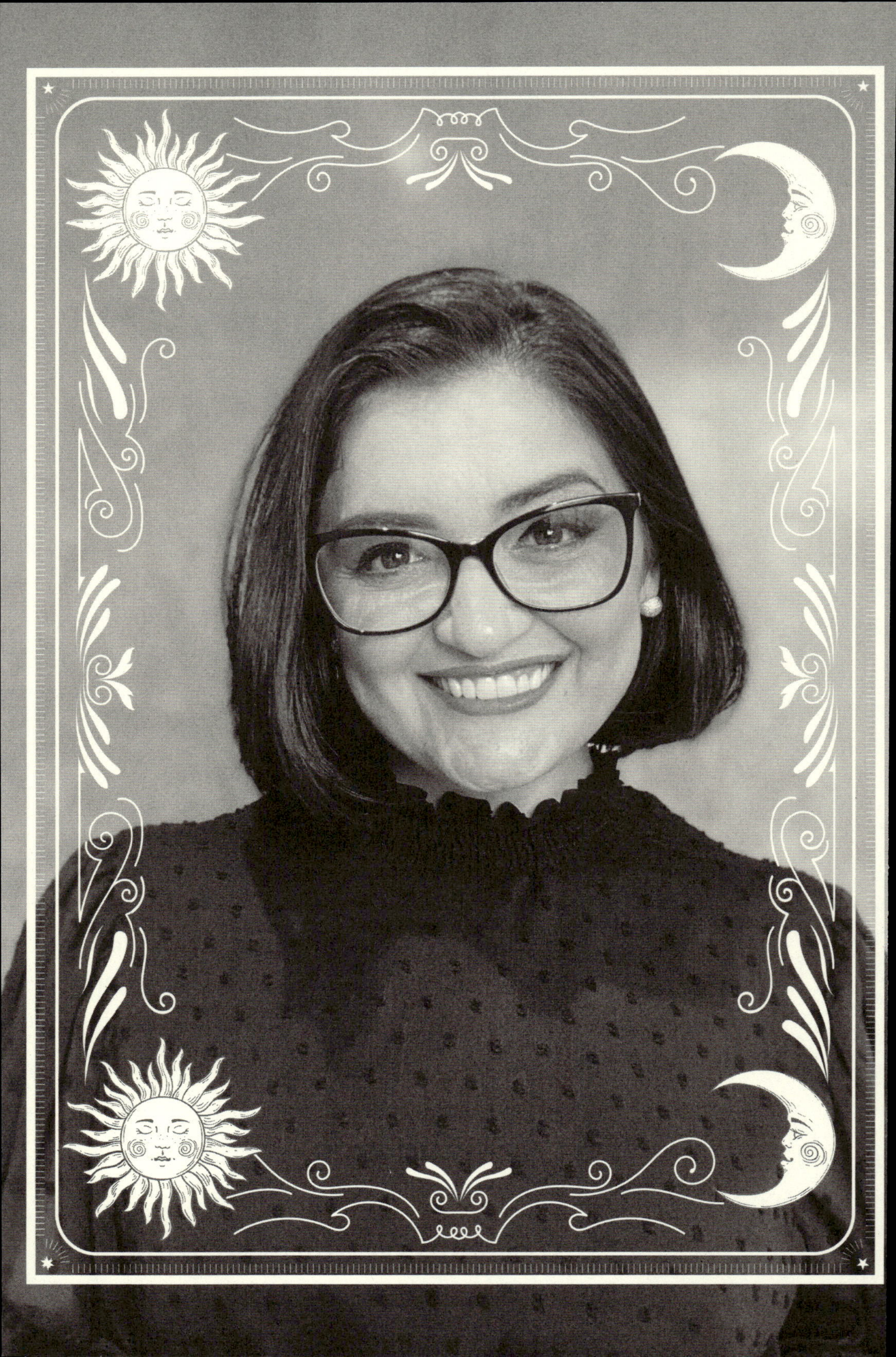

Mayla Andrade, mais conhecida como May Andrade, é professora, filósofa e escritora, além de fundadora do Temporariamente Humana e da Escola do Alquimista.

Formada em Letras e apaixonada por livros, é autora do livro *Centelha Divina – Desperte o Poder Oculto da sua Alma em 21 Dias*, que, com apenas uma semana de vendas, ficou em 1º lugar da categoria na lista dos mais vendidos da Revista Veja e PublishNews, tornando-se um best-seller.

Estudou Cabala Judaica pelo *Kabbalah Centre* em Los Angeles, na Califórnia (EUA). Também se especializou em Coaching e Quebra de Paradigmas com Bob Proctor, autor e expert em Lei da Atração, pelo *Proctor Gallagher Institute* nos EUA.

Atualmente tem mais de 26 mil alunos em seus cursos, mais de 600 mil seguidores em suas redes sociais e mais de 27 milhões de visualizações em seu Canal no YouTube, o Temporariamente Humana.

Gostou da leitura, quer ficar por dentro de todas as novidades e conhecer mais sobre a autora?

Aponte a câmera do seu celular para o QR Code a seguir:

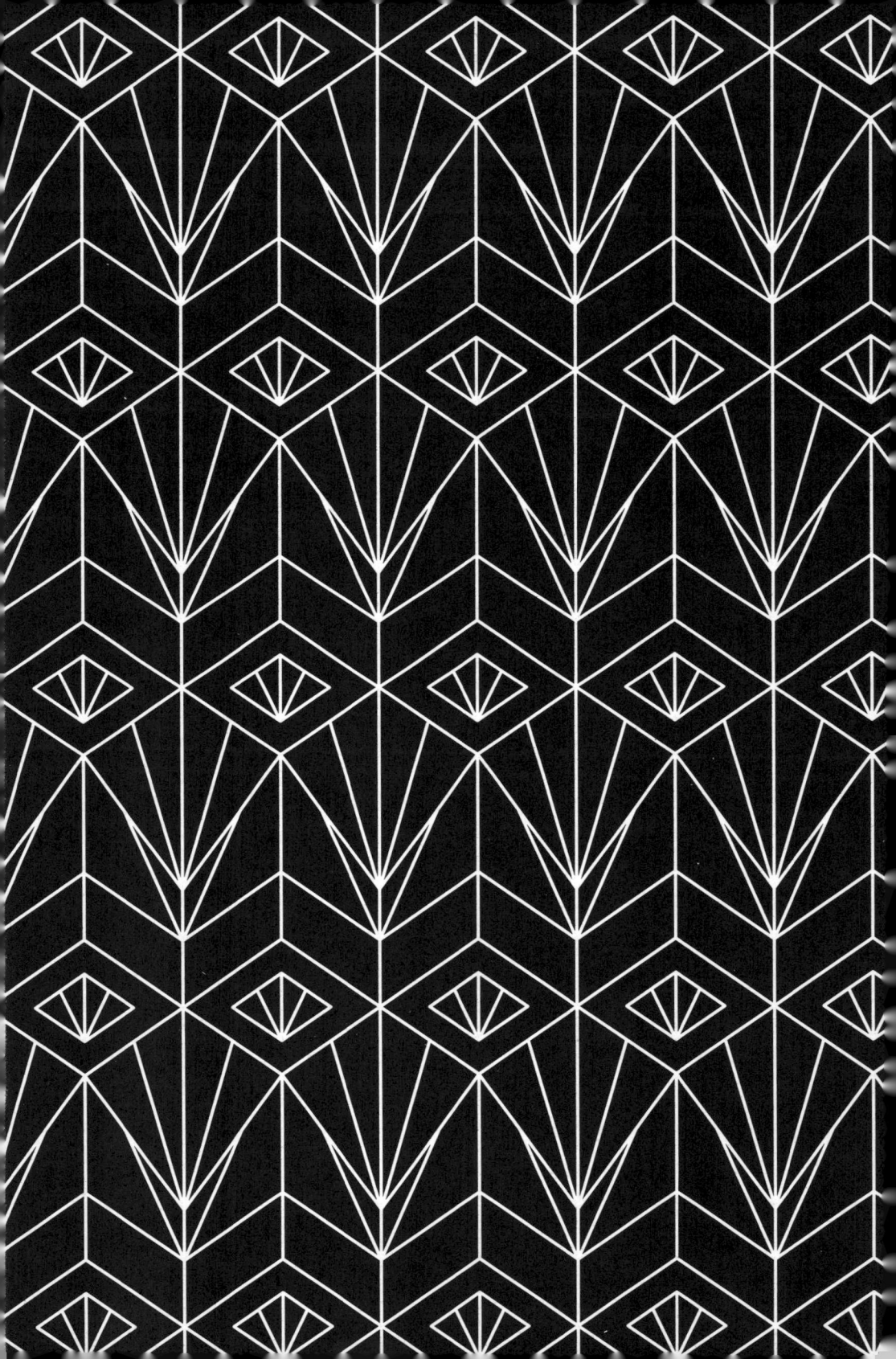

Quer conhecer mais sobre nosso trabalho e ficar por dentro de todas as novidades da Luz da Serra Editora?

Aponte a câmera do seu celular para o QR Code a seguir:

Transformação pessoal, crescimento contínuo, aprendizado com equilíbrio e consciência elevada. Essas palavras fazem sentido para você? Se você busca a sua evolução espiritual, acesse os nossos sites e redes sociais:

Luz da Serra Editora no **Instagram**:

Luz da Serra Editora no **Facebook**:

Conheça também nosso **Selo MAP – Mentes de Alta Performance**:

No **Instagram**:

No **Facebook**:

Conheça todos os nossos livros acessando nossa **loja virtual**:

Conheça os sites das outras empresas do Grupo Luz da Serra:

luzdaserra.com.br

iniciados.com.br

luzdaserra

Luz da Serra® EDITORA

Avenida Quinze de Novembro, 785 – Centro
Nova Petrópolis / RS – CEP 95150-000
Fone: (54) 3281-4399 / (54) 99113-7657
E-mail: loja@luzdaserra.com.br

Este livro foi impresso em 2023, pela PlenaPrint, para a Luz da Serra Editora.
O papel do miolo é Pólen Bold 90 g/m².